DON BOSCO
VERLAG

Verein der Freunde und Förderer
des Zentrums für Umwelt und Kultur Benediktbeuern e. V. (Hrsg.)

ZUKunft aus Erfahrung

Ein Modell der Kirche
für eine zukunftsfähige Entwicklung

Don Bosco

Die Deutsche Bibliothek – CIP-Einheitsaufnahme

ZUKunft aus Erfahrung : Ein Modell der Kirche für eine
zukunftsfähige Entwicklung /
Verein der Freunde und Förderer des Zentrums für Umwelt und Kultur
Benediktbeuern e.V. (Hrsg.). – 1. Aufl. – München : Don Bosco, 1999
   ISBN 3-7698-1143-7

1. Auflage 1999 / ISBN 3-7698-1143-7
© 1999 Don Bosco Verlag, München
Umschlag: Alex E. Schmid unter Verwendung
eines Aquarells von Jürgen Meyer-Andreaus
Fotos: Max Loy, Zentrum für Umwelt und
Kultur Benediktbeuern
Gesamtherstellung: Don Bosco Grafischer Betrieb, Ensdorf

Gedruckt auf umweltfreundlichem Papier.

Inhalt

Vorwort

Das sechste Pfingstsymposium stand im Zeichen des zehnjährigen Jubiläums des Zentrums für Umwelt und Kultur und wurde durch einen beeindruckenden Pontifikalgottesdienst eingeleitet, den der Diözesanbischof von Innsbruck, Pater Prof. Kothgasser SDB, zelebrierte.

Mit dem Thema „ZUKunft aus Erfahrung" war den Referenten und Podiumsteilnehmern die Aufgabe gestellt, die Vergangenheit im Umweltschutz und in der Umweltbildung kritisch zu bewerten und daraus Folgerungen für die weitere Arbeit an der Erhaltung und Gestaltung der natürlichen Lebensgrundlagen abzuleiten.

Prof. De Haan hat in seinem Vortrag den Politikern, wie die Presse dazu bermerkte, die Leviten gelesen. Er hat – allerdings bezogen auf die ganze Bundesrepublik – geltend gemacht, die Umweltbildung habe bisher noch keine großen Fortschritte gemacht und dass ein prinzipielles Umdenken erforderlich sei.

Demgegenüber haben die Staatsminister Dr. Goppel und Zehetmair dargelegt, dass in Bayern Umweltschutz und Umwelterziehung seit mehr als einem viertel Jahrhundert Schwerpunkt der Politik seien, dass gute Erfolge erzielt seien, dass die neue Zeit aber auch eine Fortentwicklung der politischen, verwaltungsmäßigen Mittel, Methoden und Instrumente erfordere.

Staatsminister Dr. Goppel wies dazu in seinem Referat „Konsens statt Dekret" auf die Notwendigkeit hin, neben dem herkömmlichen Staatshandeln im Rahmen der Eingriffsverwaltung und der leistungsgewährenden Verwaltung den Staat als Moderator der differenzierten Interessen innerhalb und zwischen den Gruppen der sog. Nützer und Schützerverbände tätig werden zu lassen.

In der Podiumsdiskussion unter der Leitung von Dr. Markus Vogt vom Zentrum für Umwelt und Kultur Benediktbeuern, wurde darüber und über Perspektiven im Bildungswesen, in der Kirche und in der Politik einvernehmliche, aber auch unterschiedliche Wertungen gebracht.

Die anschließende Einweihung der Umwelt-Jugend-Bildungsstätte machte den Willen der Verantwortlichen deutlich, mit fachlichen Konzepten und öffentlichen Geldern Grundlagen für eine effektive Arbeit an der Schaffung eines breiten und verantwortungsorientierten Umweltbewusstseins bereitzustellen.

Staatsminister Hans Zehetmair zeigte den hohen Stand der Umwelterziehung als durchlaufende Projekte aller Unterrichtsfächer auf. Er brachte interessante Aspekte und anschauliche Episoden der Umweltbildung unter dem Motto „Von der Jugend lernen". Der Generalsekretär der Bundesumweltstiftung, Fritz Brickwedde, begründete die hohe Förderleistung der Stiftung für Bayern und das ZUK damit, dass es sich um besonders verlässliche Partner handle. Pater Provinzial Bihlmayer SDB und Prälat Döring, der Segensworte sprach, machten den Auftrag der Kirche zur Bewahrung der Schöpfung deutlich.

Alles in allem war das Pfingstsymposium eine vielfältige und interessante Jubiläumsveranstaltung, die Rückblicke bot und neuen Aufbruch dokumentierte.

Prof. Dr. Werner Buchner

Prof. Dr. Werner Buchner, Staatsminister Hans Zehetmair,
Provinzial P. Herbert Bihlmayer SDB (von links nach rechts)

Alois Kothgasser

Der Weg als Wagnis

Predigt anlässlich des zehnjährigen Bestehens des ZUK

Es waren einmal zwei Mönche, die im gleichen Kloster wohnten. Gemeinsam studierten und diskutierten sie miteinander. Eines Tages entdeckten sie in der Bibliothek ihres Klosters eine alte Handschrift. Die Blätter waren schon arg vergilbt; der Text schwer leserlich. Doch so viel konnten sie noch entziffern, dass am Ende der Erde, dort, wo der Regenbogen auf die Erde treffe, sich der Schlüssel zum Himmel finden lasse.

Heißen Herzens machten sie sich auf den Weg. Sie nahmen unsagbare Strapazen auf sich. Klirrende Kälte und sengende Sonne machte das Weitergehen zur Qual. Oft wollten sie umkehren. Endlich erreichten sie das Ende der Welt, und dort, wo der Regenbogen die Erde berührte, richtig, dort befand sich eine große Türe. Das Herz klopfte ihnen bis zum Halse, als sie die Klinke niederdrückten. Ächzend

Bischof Prof. P. Dr. Alois Kothgasser SDB, Innsbruck

drehte sich die schwere Tür in den Angeln. Voller Erwartung traten sie ein – und fanden sich im Kreuzgang ihres heimatlichen Klosters wieder.

(Franz von Sales, von dem wir nach dem Wunsch unseres Ordensstifters Don Bosco den Namen haben, führt den Gedanken aus dieser alten Handschrift weiter, wenn er sagt: „Nicht nur an dem Ort, wo du bist, ist Gott. Er ist auch ganz besonders in deinem Herzen und wohnt in der Tiefe deiner Seele. Er belebt und beseelt dich mit seiner göttlichen Gegenwart. Er ist da.")

Die beiden Mönche begriffen: Der Ort, an dem das Reich Gottes beginnt, befindet sich auf der Erde, an der Stelle, die Gott uns zugewiesen hat. Und sie erkannten gerade dort, wo Gott, der Herr sie hingestellt hatte, hatten sie die Erde zu hüten, zu bebauen und zu pflegen.

Heute feiert das Zentrum für Umwelt und Kultur sein zehnjähriges Bestehen. Anlass genug, ein wenig darüber nachzudenken, was denn gemeint sei, wenn wir von Natur und Umwelt reden.

Natur, Umwelt, Schöpfung, ganz gleich welchem Begriff ich den Vorzug gebe, manche Auffassungen erwecken den Eindruck, als verbinde sich damit etwas ausschließlich Schönes, Freundliches, Harmonisches und Angenehmes. So ein Tag wie heute mag diese Auffassung stützen. Linde Lüfte, die Kulisse der Berge, das Singen der Vögel, die blühende Pracht der Blumen.

Aber zur gleichen Zeit füttert etwa 50 m Luftlinie von hier entfernt im Ostteil des Konventbaus ein Turmfalke seine Jungen mit Mäusen, Insekten, Eidechsen, Vögeln. Die Schöpfung ist nicht so unschuldig, wie sie ausschaut.

Eine theologische Rede von der Schöpfung hat die Grund-Risse und die Ur-Sprünge der Schöpfung mitzubedenken. Die alttestamentlichen Schriftsteller kleiden das in Geschichten wie die von Adam und Eva, von Kain und Abel, vom Turmbau zu Babel. Diese Risse zeigen sich in Katastrophen, die die Natur ohne menschliche Einwirkung hervorbringt; sei es ein Vulkanausbruch oder ein Erdbeben.

Wir spüren es schmerzlich, auch der Mensch ist davon nicht ausgenommen. Menschen bringen Menschen zu Tode, gehen oft barbarisch miteinander um oder verkehren in subtilen (feinen) Formen der Intrige miteinander.

Das Verhältnis von Mensch und Natur ist gestört; aber es ist nicht zerstört. Der Mensch hat es in der Hand, am nachhaltigsten die Natur zu fördern oder zu verderben.

Im Römerbrief schreibt Paulus den eindrucksvollen Satz (8,19): „Die ganze Schöpfung wartet sehnsüchtig auf das Offenbarwerden der Kinder Gottes."

Vor Jahren legte Kardinal Franz König im Dom zu St. Stephan in Wien (1985) dieses Schriftwort so aus: „Die Söhne und Töchter Gottes begegnen der Natur anders als der alte Adam. Sie bebauen und behüten die Erde, aber sie zerstören sie nicht und beuten sie nicht aus. Sie wissen sich in Solidarität mit der ganzen Schöpfung verbunden: Ihre Haltung gegenüber allem Geschaffenen ist von Ehrfurcht geprägt. Sie sind sich der Verantwortung gegenüber der natürlichen Umwelt genauso bewusst wie der Verantwortung gegenüber den Mitmenschen. Sie können maßhalten, sie sind fähig, ihre Ansprüche zu vermindern und einfacher zu leben. Sie wissen, dass der Wert des Menschen nicht davon abhängt, was er hat, was er besitzt, sondern davon, was er ist und wie er ist. Sie sehen Natur, Welt, Leben nicht nur unter dem Blickwinkel der Nützlichkeit, sondern vermögen sich an der Schönheit der Schöpfung zu freuen. Sie denken nicht nur an sich, sondern auch an die kommenden Generationen und deren Lebenschancen."

Der christliche Glaube will mithelfen, dass sich der neue Mensch, wie er im Römerbrief anklingt, entfalten kann. Die Sanierung der Umwelt beginnt notwendigerweise bei der Sanierung der Herzen und der Gewissen. Die Umkehr der Herzen ist die Voraussetzung dafür, dass eine Haltung entsteht, die in der Erde mehr sieht als ein schrankenlos ausbeutbares Reservoir.

Die Kirche als solche hat keine Kompetenz, für oder gegen einzelne Projekte, für oder gegen einzelne Lösungsvorschläge Stellung zu beziehen. Aber sie kann eine ethische Grundposition aufzeigen: die der Ehrfurcht vor der Schöpfung, die der Solidarität mit der bedrohten Umwelt.

Die internationale Völkergemeinschaft hat sich 1992 auf der UN-Konferenz von Rio dem Leitbild einer zukunftsfähigen Entwicklung verpflichtet. Die Grundbedingung für eine zukunftsfähige Entwicklung bildet den Erhalt der natürlichen Lebensgrundlagen. Eine rücksichtslose Ausbeutung der Natur setzt zugleich das Wohl, die Zukunft und den Lebensraum des Menschen aufs Spiel. Das Leitbild der zukunftsfähigen Entwicklung zeigt mit dem Finger auf den unlösbaren Zusammenhang von ökonomischen, ökologischen und sozialen Dimensionen.

Dabei braucht das Handeln für die Zukunft der Schöpfung das Engagement möglichst vieler, die an diese Zukunft glauben. Ein solches Engagement braucht einen langen Atem, der über Rückschläge und Enttäuschungen hinweghilft. Diese vom Glauben an die Schöpferliebe Gottes getragene Praxis ist nicht das Geringste, was Christinnen und Christen für die Wahrnehmung ökologischer Belange einbringen können. Ihre Hoffnung bewährt sich darin, dass sie anderen Grund zur Hoffnung geben.

Wie das in der Praxis zu verwirklichen sei, darüber machten sich auch zwei Mönche so ihre Gedanken. Sie überlegten sich was verdienstlicher sei, den Bruder und die Schwester zum Guten anzuhalten oder ihnen ein gutes Beispiel zu geben. Aber sie kamen zu keinem Ergebnis. Zum Glück hatten sie einen weisen Abt. Ihm trugen sie also ihren Disput vor. Er hörte sie an, lächelte mild und legte dann eine Schnur auf den Tisch. „Zieh!", befahl er dem einen. Der zog, und die Schnur folgte ihm, wohin er wollte. Jetzt sagte der Abt zum anderen: „Schiebe!" Doch da folgte die Schnur nicht. Sie verwirrte und verknäulte sich. „Also ist es besser", folgerte der Abt, „dem Bruder und der Schwester mit gutem Beispiel voranzugehen und sie so zum Guten zu ziehen."

Es ist immer schwer, den Anfang zu wagen, sei es im privaten Leben oder in der Politik. Wer einen solchen Anfang macht, stellt sich oft außerhalb der Gesellschaft, muss Zivilcourage aufbringen, auf liebgewordene Vorstellungen und Gewohnheiten verzichten.

Umweltprobleme sind ja nicht allein technisch-wirtschaftlicher Art. Sie sind eine Frage menschlichen Denkens und Verantwortens.

Bevor die technische Perfektion kam, war das Wollen und das Habenwollen des Menschen. Die Einstellung muss sich ändern. Eine geänderte Einstellung wächst aus der Erfahrung der Kostbarkeit der Erde und aus dem Wissen um den unersetzlichen Lebensraum der Natur. Der Mensch darf nicht alles, was er kann.

Zukunft aus Erfahrung! Unter diesem Motto begeht das Zentrum für Umwelt und Kultur sein zehnjähriges Bestehen. Er-Fahren heißt ja wörtlich: durch Fahren gewinnen. Ich muss mich selbst auf die Reise begeben, auf die Suche nach Gott und der Welt, auf die Suche nach Wahrheit und Sinn, auf die Suche nach Gott und seiner Nähe. Dabei darf ich nicht überrascht sein, etwa wie die eingangs genannten Mönche, dass ich Gott gerade dort finde, wo er mich hingestellt hat.

Und während ich mich so auf den Weg mache, merke ich, dass es zu den eigentümlichen Merkmalen des menschlichen Gehens gehört, dass es nur gelingt, wenn ich bereit bin, bei jedem Schritt mein Gleichgewicht aufs Spiel zu setzen. Alles Gehen geschieht ja so, dass der Gehende seinen Körper bei jedem Schritt auffängt, ehe er fällt.

Damit wird deutlich, dass Weg mit Wagnis zusammenhängt. Die beiden Mönche gaben ihre Heimat auf und suchten einen neuen Ort, von dem sie nicht wussten, ob sie ihn je erreichten. Und am Ende der Welt, dort, wo der Regenbogen die Erde berührte, fanden sie den Schlüssel zum Himmel. Es war ihr heimatliches Kloster. Mit dem Regenbogen verknüpft Gott, der Schöpfer ein Versprechen: Der Regenbogen sei ein Zeichen des Bundes, das ich zwischen mir und euch und allen Lebewesen spanne auf alle Zeiten. Ich stelle meinen Bogen in die Wolken. Er soll das Bundeszeichen sein zwischen mir und der Erde. Wenn ich Gewölk über die Erde kommen lasse und der Bogen sich dann in den Wolken zeigt, will ich an den Bund denken, der zwischen mir und euch allen und allen Lebewesen auf Erden besteht. In diesem Bogen, im Zeichen des Friedens sagt Gott uns zu, dass er zu seiner Schöpfung steht. Amen.

Gerhard de Haan

Umweltbildung: Von der „grünen Wende" zur „kulturellen Wende"

Wenn man auf eine gewisse Anzahl an Jahren der Umweltbildung in einer Einrichtung zurückblickt, und dieses heute wie hier in Benediktbeuern verbinden kann mit der Eröffnung eines weiteren der Umweltbildung dienenden Gebäudes, einer Umwelt-Jugend-Bildungsstätte, dann bietet es sich an, dieses Ereignis zu nutzen für eine Bilanz und einen Blick in die Zukunft. Dazu gehört, dass man dem noch jungen Jubilar zu den beachtlichen Erfolgen seiner bisherigen Arbeit gratuliert und für die Weiterarbeit erfolgreiche Jahre wünscht. Dieses möchte ich hiermit, in Hinblick auf die bisherigen Leistungen des Hauses und auch in Bezug auf das, was man sich für die kommende Zeit an Aktivitäten vorgenommen hat, mit aller Herzlichkeit und Bewunderung tun. Im Folgenden werde ich nun nicht weiter die Bilanz und Perspektive der beeindruckenden

Prof. Dr. Gerhard de Haan

Einrichtung in Benediktbeuern entfalten. Das erschließt sich am ehesten über einen Besuch vor Ort und natürlich auch durch die Dokumentationen dieses Umweltzentrums. Regelmäßige Gäste des Hauses, Lehrende und Ler-nende, können davon weitaus angemessener und besser Bericht geben als ich. Die Bilanz, die ich ziehen möchte, und die Perspektive, die ich eröffnen möchte, bezieht sich vielmehr auf den Stand und die Weiterentwicklung der Um-weltbildung in Deutschland im Ganzen. Dabei lässt sich eine markante Parallele feststellen: Vor zwanzig Jahren wurde mit dem Abkom-men der UNESCO-Mitgliedsstaaten in Tiflis die Umweltbildung auch offiziell zum wichti-gen Anliegen der Völkergemeinschaft erklärt. Und vor rund zehn Jahren wurden die ersten Modellversuche zur Umweltbildung im Rah-men einer Übereinkunft zwischen Bund und Ländern gestartet. Zudem stehen wir heute, nach dem Weltklimagipfel von 1992 in Rio und mit der dort verabschiedeten – auch von Deutschland unterzeichneten – Agenda 21 vor ganz neuen Aufgaben in der Umweltbildung. Damit ist das Thema umrissen: Gefragt wird, wo wir bezüglich der Umweltbildung in Deutschland derzeit stehen und welche Zu-kunftsaufgaben sich stellen. Dies geschieht in vier Schritten. Zunächst werde ich anhand ei-niger empirischer Studien den Ist-Stand der Umweltbildung offenlegen. In einem zweiten Schritt möchte ich erläutern, warum mit der Diskussion um die „nachhaltige Entwick-lung", wie sie seit der Rio-Konferenz von 1992 entstanden ist, Veränderungen in der Umwelt-bildung notwendig werden. Drittens werden einige Hinweise und Anregungen folgen zur Frage, worin diese Veränderungen für die Um-weltbildung liegen können. Schließlich werde ich an einem gesonderten Beispiel die neue Si-tuation noch einmal verdeutlichen.

1 Der Ist-Stand der Umweltbildung: Die „grüne Wende" der siebziger Jahre

Fragt man nach der derzeitigen Situation der Umweltbildung, so muss zunächst gesagt wer-den, dass darüber im Allgemeinen außeror-dentlich wenig gewusst wird. Mit Ausnahme des schulischen Sektors und des Bereiches der Volkshochschulen liegen nur wenig fundierte, gesicherte empirische Daten vor. Für die Bun-desrepublik gibt es für den schulischen Sektor unter dem Anspruch verallgemeinerbarer Aus-sagen mit einer breiten Datenbasis nur die Stu-dien von Eulefeld u.a. (1988; 1993) sowie in der Nachfolge (noch unveröffentlicht) die Er-hebungen von Bolscho/Rode u.a. (1998) zu vermelden.

Bei all den Untersuchungen fällt zuerst als ein generelles Phänomen die geringe *Quantität* auf, die die Umweltthematik in den Bildungs-bereichen einnimmt. Zudem beteiligen sich längst nicht alle Lehrkräfte an der Umweltbil-dung. Im Bundesdurchschnitt sind es kaum mehr als die Hälfte aller Lehrer, in Bayern da-gegen allerdings mehr als zwei Drittel. Das sieht für Bayern erfreulich aus. Leider aber nehmen sich die Lehrkräfte Bayerns für die Umweltbildung im Vergleich mit anderen Län-dern weniger Zeit: Rund zwei Drittel sagen, sie würden Umweltthemen hier und dort in den Fachunterricht einbeziehen; noch etwa ein Fünftel meint, sie würden durchaus auch ein-mal eine Einzelstunde zur Umweltbildung ge-ben, aber nicht einmal 10 % der Lehrkräfte sa-gen, es gäbe eine Unterrichtsreihe zur Um-weltbildung. Im Bundesdurchschnitt sind es dagegen rund 30%, die mehr als nur Einzelstunden auf die Umweltbildung verwenden. Der Effekt ist, dass sich Schüler in anderen Ländern intensiver mit einer Einzelthematik befassen können. Dagegen wird dann aber in Bayern – durch die gelegentlich praktizierte Umweltbildung im Kontext anderer Themen – eine größere Themenvielfalt geboten. Wenn man die Zahl der Schulstunden zusammenzählt, die nach Angabe der Lehrkräfte mit der Umweltthematik zugebracht wird, so sind dies pro Schuljahr ca. 10 bis 15 Schulstunden (eigene Berechnungen auf der Basis von Hellberg-Rode 1992; Gebauer 1994 und Eulefeld u.a. 1993; Mitteilung von Rode für 1997/98). Das entspricht kaum mehr als 1% der gesamten Unterrichtszeit in den Schulen. In Bayern sind es eher weniger als mehr Stunden, da schließlich Unterrichtsreihen kaum angeboten werden. Bedenkt man, dass es sich jeweils um Selbstbekundungen der Lehrkräfte handelt und es sicherlich eher sozial erwünscht als unerwünscht ist zu signalisieren, man biete Unterricht im Bereich der Ökologie an, so muss das Ergebnis erstaunen. Denn es widerspricht schließlich sowohl der Quantität, die den Umweltthemen in den Lehrplänen zugedacht wird (in manchen Fächern wie der Biologie nehmen ökologische Fragen bis zu 20% der Lehrinhalte ein), wie der Bedeutung, die der Ökologieproblematik in der Öffentlichkeit zugewiesen wird.

Auch wenn diese Daten für die gesamte Republik eher ernüchternd ausfallen und Bayern nicht gerade brilliert, so ist es gleichzeitig so, dass bayerische Schüler wenigstens besser aufpassen als ihre Mitschüler in den anderen Bundesländern. Auf die Frage nämlich, ob sie im Unterricht etwas über Umweltprobleme erfahren hätten, sagen fast vier von fünf Schülern in Bayern, dieses sei der Fall gewesen, währen es im Bundesdurchschnitt nur 2 von 3 Schülern sind. Und noch ein positives Merkmal ist zu vermelden: Trotz der geringeren durchschnittlichen Unterrichtsdauer in der Umweltbildung glauben die Schüler in Bayern im Vergleich mit der gesamten Bundesrepublik in höherem Maße, dass sie selbst zur Lösung von Umweltproblemen beitragen können. Das spricht nun wieder für die Art und Weise, wie in Bayern Umweltbildung unterrichtet wird – könnte man meinen. Dagegen spricht aber, dass es in Bayern stärker als in anderen Ländern einen erheblichen sozialen Druck gibt, sich umweltgerecht zu verhalten. Wenn man zudem weiß, dass das Selbstvertrauen von Schülern in die eigenen Fähigkeiten, an Problemsituationen etwas ändern zu können, kaum in Abhängigkeit vom schulischen Unterricht – und damit auch nicht von der Umweltbildung – gedacht werden kann, zumal, wie gesagt, der Unterricht in diesem Bereich nur wenige Schulstunden im Jahr umfasst, dann muss man diese Zahlen wohl etwas anders lesen: In Bayern bieten die Schüler ein hervorragendes Potential, um eine effektive, Kenntnisse vermittelnde und Handlungsmotive stärkende Form der Umweltbildung zu etablieren.

Konzentriert man den Blick auf die verhandelten *Thematiken*, so werden diese von den Naturwissenschaften dominiert. Im schulischen Bereich decken „Wasser", „Wald", „Luft",

„Ökosysteme" und „Garten" ca. 40% des Unterrichtes in Umweltfragen ab. Addiert man noch die „globalen Themen" (rund 30% der Themen) hinzu, die sich auf den Treibhauseffekt, seine Funktionsweise u. Ä. konzentrieren, dann wird einmal mehr deutlich: Die „grünen" Themen, also Naturerfahrung und -erkenntnis, die Beschäftigung mit den gefährdeten Umweltressourcen markieren den Kern der schulischen Umweltbildung. Das spiegelt sich auch in der Dominanz spezifischer Fächer wider: Nahezu 20% der Umwelterziehung findet im Biologieunterricht statt, gefolgt von Erdkunde und den anderen Naturwissenschaften. Fächer wie Politik oder Geschichte fallen demgegenüber als Nicht-Beiträger zur Umweltbildung auf.

Es fällt auf, dass über 10% der Umweltbildung in Projektwochen stattfindet, die allerdings wiederum hauptsächlich in den Naturwissenschaften konzentriert sind. In Bayern ist die Quote des Projektunterrichts deutlich geringer zu veranschlagen.

Sich mit dem Schulgarten zu befassen, den Wald kennen zu lernen und Bäume oder Hecken zu pflanzen, alle Tiere und Pflanzen der Umgebung der Schule zu kennen, das alles ist sicherlich sehr wichtig und interessant. Aber handelt es sich auch um die wichtigen Themen in der Umweltdebatte? Ein Blick in die Tagespresse wie in die Fachliteratur zeigt, dass es um anderes geht. Die Diskussion um die globale Klimaveränderung und die Klimakonferenzen, um neue Formen des Bauens und Wohnen, um Konsum, neue Modelle des Arbeitens, des Sozialen und die Globalisierung der Wirtschaft signalisieren: es kommt entschieden darauf an, einen Wandel im Denken und Handeln anzuregen. Da helfen neue Techniken, neue Filtersysteme und anderes nur begrenzt, wie man am Schadstoffausstoß im Kontext von Energiegewinnung leicht sehen kann: Technische Fortschritte in der Schadstoffreduktion werden durch einen international immer größer werdenden Verbrauch mehr als nur aufgezehrt. Daneben sind wir mit einem rasanten Wachstum der Großstädte auf dieser Welt konfrontiert. Über 50% der Menschen werden im kommenden Jahrhundert in Ballungsräumen leben. Ferner ist die Zunahme von motorisierter Mobilität ein entscheidendes Problem. Und nicht zuletzt ist die Frage, wie sich Ökonomie und Ökologie so verbinden lassen, dass dieses einen positiven Einfluss auf die Zahl der Arbeitsplätze hat.

Wenn wir an den hohen Energieverbrauch, an die Problematik des Verkehrs, an die Expansion der Städte, deren Versorgung und die entsprechende Entsorgung oder gar an die Frage nach dem Zusammenhang zwischen Umwelttechnik, Wirtschaft und Arbeitsplätzen, an den Zusammenhang zwischen Konsum und Produktion hierzulande und deren Verflechtung mit der Situation in den Entwicklungsländern denken, dann ist die Beschäftigung mit dem Wald, dem Schulgarten, ja der ganzen naturnahen Biologie offensichtlich nicht sehr zentral. Das aber heißt: Jene ökologischen Bereiche, denen derzeit viel öffentliche Aufmerksamkeit gewidmet wird, sind in der „grünen" Umweltbildung bisher nur schwach vertreten:

Kaum geht man bisher in der Umweltbildung auf das Thema „Verkehr" ein. Der Arbeitsplatz ist nur marginal bedacht. Nur das Thema

„Energie" kann mehr als ein Schattendasein signalisieren (vgl. Eulefeld u.a. 1993; de Haan u.a. 1997; Rode u.a. 1998; Lehmann 1999). „Energie" ist neben dem Thema „Müll" ein Feld, das der anderen Seite der Umweltbildung zugehört, nämlich jener Seite, die mit den Menschen und ihrem Konsumverhalten zu tun hat. Freilich wird in aller Regel auf den Hausmüll Bezug genommen. Dieser macht aber kaum mehr als 10 % des Gesamtmülls der Bundesrepublik aus. Insofern wird hier ein Umweltsektor behandelt, der in der Müllgesamtbilanz eine Marginalie ist.

Trotz der unbefriedigenden inhaltlichen Verankerung im Schulalltag kann aber der Umweltthematik ein integrierender und modernisierender Effekt nicht abgesprochen werden. Oft wird mit ökologischen Themen eine Öffnung zu anderen Disziplinen und Fächern hin erstmals erreicht: Umweltbildung steht auch und insbesondere für interdisziplinäre Formen der Themenbearbeitung. Es ist damit ein Aufgabenfeld, dass entscheidend zu einer zeitgemäßen Bildung beiträgt, die, so sagt uns die Wissenschaftsforschung, gar nicht anders als interdisziplinär ausfallen kann. Zudem hat die Umweltbildung die Projektmethode in den schulischen wie außerschulischen Alltag hineingetragen. Damit wurde die Teilhabe der Lernenden an den Entscheidungsprozessen über die Inhalte, die Gestaltung der Lehr- und Lernsituation gestärkt. Auch dies ist zukunftsweisend, denn die Partizipation gehört zu den Kernstücken dessen, was Kinder, Jugendliche und Erwachsene sich wünschen und suchen – nicht nur wenn es um die Gestaltung des Ar-

beitslebens geht, sondern auch im Bereich der Freizeitaktivitäten, ehrenamtlicher Aufgabenübernahme etc.

Geht man noch einmal auf die Thematiken zurück, die bisher im Zentrum der Umweltbildung gestanden haben, so lässt sich festhalten: Die Hinwendung zu Themen wie die zu intensive Nutzung der Umweltressourcen, die Verschmutzung von Boden, Luft und Wasser, die Schonung, das Hegen und Pflegen der Fauna, von Landschaften und Gärten, die Renaturierung von Geländen, die Sanierung von Altlasten, die Entwicklung effizienzsteigernder Technologien und der Entwurf von Kreislaufwirtschaftsmodellen sind Kennzeichen einer „grünen Wende" im Bildungssystem, die sich in den letzten zwanzig Jahren mit der Wahrnehmung von ökologischen Problemen im Bildungssystem vollzogen hat. Im Fokus standen dabei naturwissenschaftliche und technische Einsichten und Lösungsmodelle für Umweltprobleme und ökologische Krisenerscheinungen. Diese Hinwendung zu ökologischen Fragen ist nicht zu übersehen, ist aber gleichzeitig von etlichen Defiziten gekennzeichnet:
– Die Umweltbildung hat bisher keine Breitenwirkung erfahren. Sie gehört nicht zum Kern des Alltags in den Institutionen.
– Die Umweltbildung ist in den Lehrplänen stärker verankert als in der schulischen Praxis.
– Eine umfassende Ökologisierung des Bildungssystems fand bisher nicht statt.
Insofern wurde die „grüne Wende" nur eingeleitet, aber nicht vollzogen. Sie ist im Bildungsalltag noch nicht fest verankert und auch nicht hinreichend verbreitet. Dagegen wäre

eine umfängliche Verbreitung und Verankerung dieser Wende im Bildungssystem durchaus möglich, denn es liegen die Konzepte, Modelle, Materialien und Ideen in großem Um-
fang vor. Sie könnten verstärkt aufgegriffen
und gesichert werden.

Zieht man ein *Fazit* hinsichtlich der *Fachori-
entiertheit* und der *Quantitäten*, so wird man
sagen müssen: Eines der zentralen gesellschaftlichen Themen, die ökologische Problematik, ist im schulischen Bereich nicht ad-
äquat in der ihr allgemein zugedachten Bedeutung vertreten. Insgesamt gesehen etabliert
sich die Ökologiethematik im Schulbereich
derzeit nur auf niedrigstem Niveau. Es dominieren Naturwissenschaften und Technik, es
fehlt an sozialwissenschaftlicher Durchdrin-
gung der Ökologie, es fehlt eine stabile Position, zudem ist der interdisziplinäre Charakter
der Ökologie nicht hinreichend berücksichtigt
worden. Umweltbildung findet immer noch
eher zu besonderen Anlässen oder nebenbei
statt, sie hat noch keinen wesentlichen Einfluss
auf den gesamten Alltag der Schulen.
Unter modernen Ansprüchen an eine ökologische Grundorientierung, so wird daran ersicht-
lich, ist die heutige Schule im Allgemeinen
völlig veraltet.
Kaum weniger ernüchternd fallen die Ergebnisse zu der Frage aus, in welchem Maße
Schulen und Lehrkräfte mit außerschulischen
Personen und vor allem Einrichtungen – wie
z.B. Umweltzentren – kooperieren. Nur 15 %
der Lehrer in Bayern sagen, dass sie solche
Kooperationen realisieren. Dagegen sind es
bundesweit immerhin über 30 %. Auch diese

Zahl ist beklagenswert. Denn zu den Kernge-
danken der „grünen Wende" schulischer Erziehung gehört schließlich, mit außerschulischen
Einrichtungen zu kooperieren.
Wie aber ist es um die Möglichkeit bestellt, au-
ßerschulische Partner zu finden? Im Bundes-
vergleich haben wir, so sagt unsere in Berlin
durchgeführte Totalerhebung zu den außerschulischen Umweltbildungseinrichtungen in
Deutschland, in Bayern nicht die besten Chan-
cen. Die meisten potentiellen Partner in Form
von Umweltzentren, Umweltverbänden, kirchlichen Einrichtungen, Volkshochschulen etc.
finden wir im Nordosten Deutschlands. Die
geringste Zahl treffen wir im Südwesten an. Es
gibt ein ganz deutliches Gefälle vom Norden
zum Süden. Um so begrüßenswerter ist es,
dass es in Benediktbeuern eine Erweiterung
der   Umweltbildungsmöglichkeiten   geben
wird.
Zur außerschulischen Umweltbildung, der Situation in den Umweltzentren, lässt sich derzeit nicht sehr viel Präzises sagen. Außer der
Studie von Kochaneck u.a. (1996/97) sind derzeit keine endgültigen soliden Daten auf dem
Markt. Die schon erwähnte Studie, die wir in
Berlin realisieren, befindet sich noch in der Er-
hebungs- und Auswertungsphase. So viel aber
ist schon deutlich: Auch die außerschulischen
Einrichtungen konzentrieren sich in der
Hauptsache auf naturwissenschaftliche Felder,
auf Naturerkundung, Sensibilisierung für die
Schönheit der Natur und den schonenden Umgang mit ihr. Umweltzentren scheinen sich
schwer zu tun, die technische oder gesellschaftliche Seite der ökologischen Frage ein-
zufangen oder gar einen Bezug zur Kultur zu

stiften, der über den Heimatgedanken hinausweist.

Neben den Umweltzentren, die sich ganz oder doch in der Hauptsache ökologischen Problemen und Naturphänomenen widmen, gibt es freilich eine Reihe von Einrichtungen der außerschulischen Bildungsarbeit, die sich auch mit Umweltfragen befassen. Aber für diese Einrichtungen sieht es kaum anders aus als für die Schule. Es ist nämlich etwa für den Volkshochschulbereich so, dass auch hier der Anteil der Veranstaltungen zu ökologischen Themen die 15 %-Marke kaum überschreitet. Insofern kann man sagen: Auch im Sektor außerschulischer Umweltbildung, auch in den Umweltzentren dominieren derzeit die „grünen" Themen, und die Ausstattung mit Umweltzentren ist nicht sonderlich üppig. Sie nimmt zudem vom Norden zum Süden hin in Deutschland ab.

2 Warum ist eine „kulturelle Wende" notwendig?

Die eben gezogene Bilanz lässt es schon ahnen: Die Umweltbildung steht generell vor ganz neuen Herausforderungen, denn mit dieser „grünen Wende" wäre nur eine halbe Umweltbildung auf den Weg gebracht. Neben der „grünen" scheint eine „kulturelle Wende" der Umweltbildung dann geboten, wenn man auf der Höhe der Zeit – und das heißt: auf der Höhe des Nachhaltigkeits-Diskurses – sein will. Die „kulturelle Wende" löst die bisherige Umweltbildung nicht ab. Im Gegenteil: Es wird entschieden dafür plädiert, dass der bis-

herige Stand der Umweltbildung solide verankert und die Themen wie Methoden stärker verbreitet werden als bisher. Aber es wird notwendig zu einer Erweiterung der Umweltbildung aufgrund der Themen und Orientierungen kommen, die sich an einer neuen Perspektive ausrichten mit der man versucht, die ökologischen Probleme substantiell anzugehen. Die Perspektive lautet: *„sustainable development"*, zukunftsfähige, nachhaltige Entwicklung.

Die Prämissen für das Bildungssystem sind mit der Agenda 21 in Rio 1992 gesetzt worden und lauten vor allem: Gerechtigkeit zwischen den Generationen sowie globale Gerechtigkeit, ein schonender Umgang mit der Natur, eine Revolutionierung der technischen Innovationen und in der Ressourcennutzung und vor allem veränderte Lebensstile.

Sustainable development ist als globales Konzept gerade aus dieser Maxime heraus attraktiv: Allen Menschen sollen prinzipiell gleich viele Ressourcen zur Verfügung stehen. Der Verbrauch und die Ressourcennutzung der hochentwickelten Industriestaaten darf dann nicht mehr über dem Maß liegen, was aus der Perspektive der Nachhaltigkeit heraus von allen, auch den ärmsten Nationen der Erde, verbraucht und genutzt werden dürfte. Dass diese Gerechtigkeitsmaxime, zumal wenn sie auf ein Konzept der Verteilungsgleichheit hinauskommt, unter erheblichen Legitimations- und Akzeptanzschwierigkeiten leiden dürfte, sei an dieser Stelle nur in einem Hinweis mitgeteilt (vgl. dazu weiter: de Haan 1997b).

Das an dieser Stelle nur knapp umrissene Modell (vgl. auch den guten Überblick bei Harborth 1993; Huber 1995) wurde von der Brundtland-Kommission in den 1980er Jahren im Zuge des Nord-Süd-Dialogs politikfähig gemacht.

Der entscheidende Schritt zur „sustainability" wurde dann aber erst auf der Rio-Konferenz 1992, dem Welt-Klima-Gipfel getan. Mit der dort verabschiedeten Agenda 21, dem Weltprogramm für das Leben im 21. Jahrhundert, wurde die Idee der Nachhaltigkeit zum Weltmodell erklärt. Es ist schließlich nicht zu übersehen, dass das Wirtschaftsmodell Deutschlands oder Japans nicht von der ganzen Welt kopiert werden kann. In Deutschland haben zum Beispiel alle Menschen auf den Vordersitzen ihrer Autos Platz: 40 Millionen Autos für 80 Millionen Bürger. Man stelle sich das einmal übertragen auf China vor: Die Klimakatastrophe würde ein unglaubliches Ausmaß annehmen, die Ölvorräte wären schnell verbraucht, die Luftverschmutzung wäre außerordentlich hoch (vgl. zur Umweltlage in China: Preuß 1997). In Deutschland hat man auf die Beschlüsse von Rio sehr intensiv reagiert. In zahlreichen Gutachten, Empfehlungen, Erklärungen der Parteien und der Regierung zu Umweltfragen wird die nachhaltige Entwicklung zur zentralen nationalen Orientierungsgröße erklärt. Das hat einschneidende, umwälzende Konsequenzen für das Leben und Wirtschaften, für das Politik- und Bildungssystem, entschließt man sich, dem Konzept – und es gibt derzeit keine diskussionswürdige ökologische Alternative – zu folgen.

Um wirklich zu einer entscheidenden Reduktion des Ressourcenverbrauchs und zu umweltschonenden Produktions-, Distributions- und Konsumkonzepten zu kommen, also umweltgerecht zu produzieren und zu leben, dazu bedarf es:

1. einer erheblichen *Effizienzsteigerung:* Wir benötigen radikale technische Innovationen. Dazu gibt es zahlreiche Ansätze: Maschinen, die mit weitaus weniger Energie betrieben werden können, Motoren, die mit weniger Brennstoff betrieben werden können, neue Techniken, die auf nachwachsenden Rohstoffen basieren. Hier ist die Technik außerordentlich erfinderisch, wie der Band „Faktor Vier" eindrucksvoll zeigt (vgl. v. Weizsäcker/Lovins/Lovins 1995).

2. Aber diese Effizienzsteigerung reicht nicht aus. Nur Rohstoffe sparen genügt nicht. Man muss dafür sorgen, dass möglichst nur noch nachwachsende Rohstoffe genutzt werden und dass die Gewinnung, Verarbeitung, Nutzung und Entsorgung so erfolgt, dass die Natur nicht Schaden nimmt. Man spricht hier von der Konsistenz des Wirtschaftens und Lebens (vgl. Huber 1995). Andere sprechen eher von der Permanenz der Nutzung der Ressourcen: Man sollte so wirtschaften und leben, dass dieses Handeln dauerhaft ohne Schäden für die Natur, ohne Nachteile für künftige Generationen und sozial verträglich ausgerichtet ist.

3. Außerdem gilt: Was nützt die Effizienzsteigerung und was nützen konsistente Wirtschafts- und Lebensformen, wenn die neuen Techniken nicht von der Bevölkerung angenommen werden und wenn immer weiter auf ein quantitatives Wachstum gesetzt wird? Wenig, wird man sagen müssen, wenn sich nicht die Mentalität in der Bevölkerung

ändert. Dagegen setzt man nun auf „Suffi-zienz". Das meint: Mit anderen Einstellun-gen, die darauf hinauslaufen, generell weni-ger materiellen Konsum zu betreiben, auch in der Nähe Erholung zu suchen statt an je-dem Wochenende die Straßen zu verstopfen, mit der Betonung des einfachen Lebens, bei dem man bewusster mit den Dingen und der Zeit umgeht, will man die Wende zur Nach-haltigkeit schaffen (vgl. BUND/Misereor 1996).

Auf die Suffizienz, also auf die Veränderung der Mentalität der Menschen soll nun alles ankommen. Das suggeriert, als könne man nun einfach eine „ökologische Lebens- und Produktionsweise" verordnen, oder aber man könne, dürfe und müsse in dieser Rich-tung erzieherisch tätig werden. Abgesehen von den Manipulationstendenzen und den Institutionalisierungsbestrebungen, die sich dahinter verbergen (vgl. kritisch dazu de Haan 1993) wird man gut daran tun, sich mit den Lebensstilen, den umweltbezogenen Mentalitäten der Bürger wie ihrer Organisa-tionen auseinanderzusetzen, da man sonst kaum eine Chance für einen Wandel haben dürfte (vgl. dazu de Haan/Kuckartz 1996, S. 230ff.; de Haan 1997a).

Von diesen Schwierigkeiten und Vorausset-zungen hat die Umweltbildung bisher keine Notiz genommen. Auch erkennt die Um-weltbildung momentan gerade erst, welche Bedeutung die Diskussion um die nachhal-tige Entwicklung für sie hat (vgl. de Haan 1997b).

3 Elemente einer „kulturellen Wende": Von der Umweltbildung zur Bildung für Nachhaltigkeit

Der Vorteil, den die Orientierung der Umwelt-bildung an den gesamten Analysen zur Rela-tion zwischen Ressourcenverbrauch und nach-haltiger Entwicklung, zur Partizipation der Bürger an Veränderungsprozessen, zur Ent-wicklung von Lebensstilen und modernen Kulturen insgesamt bietet, liegt darin, dass sichtbar wird, wo die gravierendsten Übernut-zungen von Ressourcen stattfinden, wo man mit einer wirklich effektiven Umweltbildung ansetzen kann. Die Umweltbildung bekommt damit ganz allmählich etwas an die Hand, das immer schon fehlte: eine Hierarchisierung der Relevanzen von Themen und eine Fundierung ihrer kulturellen Prämissen.

Wenn man einmal zusammenträgt, was aus der Agenda 21 (vgl. BMU o.J.), der Studie „Zu-kunftsfähiges Deutschland" (vgl. BUND/Mi-sereor 1995) sowie den derzeit kursierenden Analysen zur nachhaltigen Entwicklung her-auszulesen ist (vgl. exemplarisch: RSU 1994, 1996; Kastenholz u.a. 1996; de Haan/Kuk-kartz 1996; de Haan u.a. 1997) wird deutlich, in welch starkem Maße sich Bildungsveran-staltungen bisher außerhalb jener Felder be-wegt haben, die aus der Perspektive der Nach-haltigkeit – gerade für die Bundesrepublik – von entscheidender Bedeutung sind.

Nach den vorliegenden Studien zur Nachhal-tigkeit lassen sich einige entscheidende Felder benennen, die in Zukunft zum Schwerpunkt-thema von Umweltbildung in Schule und Hochschule, in Lehre und Forschung werden müssten, möchte man sich der Idee des „Sustainable Development" verpflichten.

Will man den Weg in die Nachhaltigkeit hierzulande tatsächlich beschreiten, dann sind es vor allem vier Sachthemen, die in Hinblick auf den Ressourcendurchsatz, die Schadstoffemission und für die zukünftigen Generationen von entscheidender Bedeutung sind:

– Energie, insbesondere die Formen der Energiegewinnung und des Verbrauchs bzgl. des Heizens;
– Verkehr, insbesondere das Mobilitätsverhalten im Freizeitbereich und der Gütertransport;
– Landwirtschaft und Lebensmittel, insbesondere die Fleischproduktion und die industrielle Bearbeitung von Lebensmitteln;
– Wohnen, insbesondere Wohnformen und Baustoffe.

Neben diesen sachorientierten Themen, die – wenigstens aus der Perspektive der Nachhaltigkeit – weitaus entscheidender sind als die Frage nach dem Verbleib und der Reduktion des Hausmülls oder nach der Möglichkeit, im Haushalt Wasser zu sparen, nach End-of-the-Pipe-Technologien oder aber nach dem Artensterben, das ja ein Effekt spezifischen Wirtschaftens und Lebens ist, lässt sich ein großer neuer Themenkomplex ausmachen, der sich auf sechs Strategien der Nachhaltigkeitsidee bezieht. Dieses Feld umfasst folgende Punkte:

– die Strategien der Effizienzrevolution in der Ressourcennutzung, im Wirtschaften und in der Distribution,
– die Permanenzrevolution, die Strategien und Rahmenbedingungen dauerhaft-nachhaltigen Lebens und Wirtschaftens,
– die Suffizienzstrategien, die Reflexion auf die heutigen Lebensstile und die Leitbilder nachhaltiger Lebensstile,
– die Verflechtung zwischen lokalen Arbeits- und Lebensverhältnissen und der Dritten Welt,
– Ästhetik und Design in ihrer Bedeutung für veränderte Konsum- und Lebensformen,
– die Bedeutung des Faktors Zeit in Ökologie, Ökonomie und Entwicklung.

Die Thematiken machen deutlich, wie sehr mit der Nachhaltigkeit die Notwendigkeit selbstreflexiven Denkens und Handelns auch in der Umweltbildung in den Vordergrund rückt. Ohne den Bezug auf die Lebensstile, die Wunschprojektionen der Bürger und die Rückbeziehung dieser Projektionen auf die Selbstbilder der Schüler und Studierenden, auf die Visionen von Nachhaltigkeit wird man eine Anschlussfähigkeit der Umweltbildung im Kontext von „Sustainable Development" gegenüber den Intentionen der Lernenden und Studierenden wohl nur schwer erreichen können.

Über die Auseinandersetzung mit den Grundkonzeptionen der Nachhaltigkeit hinaus ist ein Feld der Reflexion leicht an den Rand gedrängt, das – ebenfalls die Selbstreflexivität betonend – allererst ermöglichen kann, sich an dem kulturellen Diskurs um nachhaltige Entwicklung zu beteiligen. Dies umfasst vier Kompetenzfelder:

– den Erwerb von Vernetzungs- und Planungskompetenzen,

– den Erwerb von Partizipationsstrategien für die Entfaltung einer Kultur der Nachhaltigkeit,

– die Entwicklung und Reflexion der Leitbilder und Kommunikationsstrategien zur Bewertung und Etablierung von ökologischer, ökonomischer und sozialer Gerechtigkeit

– und die Fähigkeit zur reflektierten Risikowahrnehmung und -bewertung.

Dass in diesem Kontext dem Erwerb von Partizipationsstrategien ein besonderer Stellenwert zukommt, liegt in den Prämissen des „Sustainable Development" begründet: Es geht nicht nur um die Etablierung neuer Themen und Orientierungen, sondern vor allem darum, den Kindern, Jugendlichen und Erwachsenen verstärkt Rahmenkompetenzen für die Teilhabe an Entscheidungsprozessen zu vermitteln, die es erlauben, sich in Richtung einer nachhaltigen Gesellschaft zu bewegen.

4 Neue Orientierungen: Das Syndromkonzept

Meine These ist nun, dass sich der neu entwickelte Syndrom-Ansatz des Wissenschaftlichen Beirats Globale Umweltfragen (vgl. WBGU 1995; 1996; 1997) für die Bildung für Nachhaltigkeit nutzbar machen lässt. Der Syndrom-Ansatz stellt den Versuch dar, nicht-nachhaltige Entwicklungen systematisch zu erfassen. Es handelt sich um ein inhaltlich ausgerichtetes Konzept, das unter dem Anspruch steht, auch für künftige Situationen unter Relevanzgesichtspunkten ein Diagnose- und Analyseinstrument an die Hand zu geben, mit dem

sich erfassen lässt, wo ökologische Problemlagen – in ihrer Verflechtung mit der Ökonomie und dem Sozialen – auftreten können.

Das Syndrom-Konzept basiert auf dem Gedanken, dass menschliches Handeln Auswirkungen auf die Erde als Ganze hat. Zwar beeinflusst demnach die Natur auch die anthropogenen Eingriffe in sie, jedoch ist die umgekehrte Richtung, dass anthropogene Eingriffe einen erheblichen Einfluss auf die Umwelt haben, derzeit der zentrale Problemkomplex, den man besser zu kontrollieren und positiv zu beeinflussen versucht.

Zwecks Bewältigung der Problemlage müssen nach Ansicht aller einschlägigen Expertenkommissionen mehr als nur naturwissenschaftliche und technische Fragen aufgeworfen werden. Ethische Fragen sind ebenso zu stellen wie soziale, ökonomische, psychologische und pädagogische. Kurz gesagt: Anthropogen verursachte Veränderungen im Naturhaushalt sind nur unzureichend analysiert, wenn man sich auf naturwissenschaftliches Erklären von Veränderungsprozessen zurückzieht. Ohne die Kulturen zu verstehen, aus denen heraus diese Veränderungen entstanden sind, wird man zu verkürzten Prozessbeschreibungen und ebenso verkürzten Handlungsentwürfen kommen, so die allgemein geteilte Auffassung (vgl. Reusswig 1997; WBGU 1993; 1995; 1996). Die größte Schwierigkeit liegt in der Überkomplexität schon der natürlichen Seite ökologischer Systeme: Eine hohe Komplexität des Gesamtsystems verbindet sich mit nicht-linearen Reaktionen, mit Interdependenzen und Irreversibilitäten. Lokale Veränderungen können globale Auswirkungen

haben wie auch Lokales und Globales miteinander ständig interagieren kann. Nimmt man
nun noch die soziale Dimension hinzu und bedenkt man die Dynamik der Sozietäten selbst,
so wird schnell sichtbar, wie wenig es hin-
reicht, mit einfachen Modellen die Prozess-
struktur der Verbindung zwischen Natur- und
Anthroposphäre zu beleuchten.

In den Gutachten des Wissenschaftlichen Beirats Globale Umweltveränderungen (WBGU)
von 1993 und 1994 wurde dafür nun ein – wie
es scheint durchaus tragfähiger – integrativer
Ansatz entwickelt, der mit dem Allerweltster-
minus „Vernetztes Denken" nur ungenau beschrieben wäre. Der WBGU offeriert vielmehr
ein neues Konzept, den „Syndrom-Ansatz".
Der WBGU sieht im Syndrom-Ansatz eine
„Operationalisierung des für den Globalen
Wandel erforderlichen vernetzten Denkens"
(WBGU 1996, S. 3). „Der bloße Ruf nach
„Vernetzung", „Interdisziplinarität" oder „Interaktion" reicht hier nicht aus – gesucht sind
Grundsätze und Instrumente, welche zum Beispiel die Ganzheitsbetrachtung der Syndrome
des Globalen Wandels konkret ermöglichen"
(WBGU 1996, S. 6). „Das Syndromkonzept
zerlegt die hochkomplexe Dynamik der
Mensch-Umwelt-Wechselwirkungen im Erd-
system in ihre ‚wichtigsten' typischen Basis-
dynamiken, die Syndrome. Als Grundele-
mente der Syndromanalyse dienen die immer
noch hochaggregierten Symptome des Globalen Wandels" (WBGU 1997, S. 141). „Syndrome zeichnen sich durch einen transsektora-
len Charakter aus, d.h. die Problemlagen greifen über einzelne Sektoren (etwa Wirtschaft,
Biosphäre, Bevölkerung) hinaus, haben aber

immer einen direkten oder indirekten Bezug zu
Naturressourcen. Global relevant sind Syndrome dann, wenn sie den Charakter des Sy-
stems Erde modifizieren und damit direkt oder
indirekt die Lebensgrundlagen für einen Groß-
teil der Menschheit spürbar beeinflussen, oder
wenn für die Bewältigung der Probleme ein
globaler Lösungsansatz erforderlich ist"
(WBGU 1996, S. 4f.). Die Annahme ist, dass
die in spezifischen Regionen identifizierten
Probleme nach „typischen Mustern" struktu-
riert sind. „Diese funktionalen Muster (Syndrome) sind unerwünschte, charakteristische
Konstellationen von natürlichen und zivilisa-
torischen Trends und ihren Wechselwirkun-
gen, die sich geographisch explizit in vielen
Regionen dieser Welt identifizieren lassen. Die
Grundthese des Beirats ist, dass sich die kom-
plexe globale Umwelt- und Entwicklungspro-
blematik auf eine überschaubare Anzahl von
Umweltdegradationsmustern   zurückführen
lässt" (ebd.). Man erhält einen überschauba-
ren, strukturierten Einblick in die Dynamik
und Synergien der Entwicklung von Natur-
und Anthroposphäre. Daher ist die Zahl der
Syndrome oder auch Trends des globalen
Wandels begrenzt. Ihre Identifikation basiert
auf der Wahrnehmung von langfristigen Veränderungsprozessen wie etwa dem Verlust der
natürlichen Biodiversität, der Ausdünnung der
Ozonschicht, dem Fertilitätsverlust der Böden,
der ökonomischen Marginalisierung einzelner
Bevölkerungsgruppen, der globalen Orientierung an westlichen Lebensstilen, der Zunahme
von ethnischen Konflikten u.a. (vgl. Reusswig
1997, S. 75). Es wird nun nicht angenommen,
dass diese Trends gleichsam „von oben gesteu-

ert" geschehen. Vielmehr sind sie Ausdruck der Handlungsfolgen „die sich aus dem Mikro-Bereich tagtäglicher Einzelentscheidungen und Verhaltensweisen ergeben" (ebd.) .

Weil von der Vorstellung ausgegangen wird, dass unsere Lebensstile, die ökologischen Problemlagen und das, was produziert wird, auf tagtäglichen Einzelentscheidungen basiert und der/die Einzelne in ihren/seinen Verhaltensweisen von entscheidender Bedeutung ist, ist dieser Ansatz für die Pädagogik so interessant: Es handelt sich um Trends von allen, die aber als von den Einzelnen initiiert gelten. Pädagogik ist nun eine Disziplin, die sich dem Individuum zuwendet, in diesem ihren Fokus hat. Und es ist zugleich diejenige Disziplin, die in der Alltäglichkeit, in der Normalität, nicht in der Devianz, Ausnahme etc. ihr Schwergewicht besitzt. Das unterscheidet sie von der Psychologie.

Interessant ist dieser Ansatz für die Pädagogik auch, weil die „Interaktion zwischen Zivilisation und Umwelt" (WBGU 1996, S. 4) als Basistheorem gewählt wird und weil es nicht nur um die Analyse geht, sondern auch um die Frage nach den Modellierungsmöglichkeiten, die man zur Bewältigung der Problematik sieht. Dadurch wird mit dem Syndromkonzept dem Zukunftsbezug der Pädagogik und darin eingeschlossen dem Entwurf von Gestaltungs-

möglichkeiten entsprochen. Insofern kommt der zunächst unter Forschungsaspekten entwickelte Ansatz dem pädagogischen Anliegen nach Individuumzentriertheit und Zukunftsbezug entgegen.

Schließlich liegt ein Vorteil des Ansatzes darin, in den Syndromen selbst ein vom spezifischen Raum ablösbares Phänomen zu erfassen, das auf andere „Dispositionsräume" transferiert werden kann. Man kann mit dem Syndrom-Ansatz nämlich fragen, welche Räume ähnliche Dispositionen aufweisen, wie sie dem spezifischen Syndrom zugrunde liegen und wird dann erkennen, wo potentiell das Syndrom wieder auftauchen kann, auch wenn es dort derzeit nicht aufzufinden ist (zum Beispiel die Havarie und prädestinierte Regionen aufgrund hohen Verkehrsaufkommens, etwa im Ärmelkanal, vor der deutschen Nordseeküste, in der Straße von Malakka). Die lokal vorhandene Verletzbarkeit (Vulnerabilität; vgl. Bohle/ Downing/Watts 1994) als Interdependenz von natürlichen und anthropogenen Faktoren ist dann das entscheidende Kriterium für die Bestimmung der Gefährdung.

Welche Syndrome beziehungsweise Trends wurden nun identifiziert? Die folgende Aufzählung bietet einen Überblick.

Hauptsyndrome des globalen Wandels

Syndrombezeichnung	Kurzcharakterisierung
Syndromgruppe „Nutzung"	
Sahel	Überbeanspruchung einer marginalen reproduktionsnotwendigen Ressourcenbasis
Raubbau	Konversion/Übernutzung von Wäldern und anderen Ökosystemen
Landflucht	Umweltdegradation durch Preisgabe traditioneller Landnutzungsreformen
Katanga	Umweltdegradation durch Abbau nichterneuerbarer Ressourcen
Dust Bowl	Nicht-nachhaltige industrielle Bewirtschaftung von Böden und Gewässern
Massentourismus	Erschließung und Schädigung von Naturräumen für Erholungs- und Erlebniszwecke
Verbrannte Erde	Umweltdegradation durch militärische Nutzung
Syndromgruppe „Entwicklung"	
Aralsee	Umweltschädigung durch zielgerichtete Naturraumgestaltung im Rahmen von Großprojekten
Kleine Tiger	Vernachlässigung ökologischer Standards im Zuge hochdynamischen Wirtschaftswachstums
Favela	Umweltdegradation durch ungeregelte Urbanisierung
Suburbia	Landschaftsschädigung durch geplante Expansion von Stadt- und Ifrastrukturen
Grüne Revolution	Umweltdegradation durch Verbreitung standortfremder landwirtschaftlicher Produktionsverfahren
Havarie	Singuläre anthrophogene Umweltkatastrophen mit längerfristigen Auswirkungen
Syndromgruppe „Senken"	
Müllkippe	Umweltverbrauch durch geregelte und ungeregelte Deponierung zivilisatorischer Abfälle
Hoher Schornstein	Umweltbelastung durch weiträumige diffuse Verteilung von meist langlebigen Wirkstoffen
Altlasten	Lokale Kontamination von Umweltschutzgütern an vorwiegend industriellen Produktionsstandorten

Quelle: nach WBGU 1997, S. 141, und Reusswig 1997, S. 76

Das sieht nun wiederum wie eine Liste von Bedrohungen aus und dürfte, würde man sie einmal in das Verständnis z.B. von Kindern heruntertransportieren, bei diesen einmal mehr Ohnmachtsgefühle auslösen. Diese Syndrome sind aber formuliert, um die Probleme bearbeitbar zu machen, und zwar in einem gemeinsamen alltäglichen wie politischen und innovativen Verfahren. Die Syndrome werden nicht gesammelt, damit man sie den Kindern vorstellt und so ihre oft schon verinnerlichte Angsthaltung einmal mehr schürt. Ich folge hier der Kritik von Helmut Schreier, der meint, man müsse von diesem Ängste-Schüren wegkommen und die wahrgenommenen Gefahren und Risiken in einer Gesprächsgemeinschaft behandeln, um schließlich so etwas wie eine „ökologische Alphabetisierung" einzuleiten (vgl. Schreier 1996).

Für diese ökologische Alphabetisierung scheint mir der Syndromansatz eine ausgezeichnete Basis zu bieten, da mit ihm zunächst geklärt werden kann, was denn die Inhalte der ökologischen Alphabetisierung sein könnten. Schreier und auch andere (vgl. Böttger/Schack 1996; Claußen 1976; die Beiträge in Schreier 1994) haben in dieser Richtung schon Vorschläge gemacht. Meine Überlegungen sind, wenn ich das richtig sehe, in vielen Punkten ähnlich. Mir ist nur daran gelegen, in einem engen Bezug zwischen der Nachhaltigkeitsdiskussion und einer kriterienorientierten Arbeit an einem Rahmenkonzept „Bildung für Nachhaltigkeit" voranzubringen, weil in der Umweltbildung in der Regel die Frage gar nicht sorgfältig gestellt wurde, welche Themen als besonders wichtig zu gelten hätten. Wenn man

in der Schule ökologische Themen behandelt, dann war es selbstverständlich, dass der Hausmüll, der Schulgarten, die Wasserverschmutzung zu zentralen Themen wurden, ohne dass kriterienorientiert entschieden werden könnte, warum etwa gerade der Hausmüll und nicht der Bauschutt, warum der Schulgarten und nicht die industrielle Form der Landwirtschaft, warum die Bachverschmutzung und nicht die Dürre in der Sahelzone zum Gegenstand des Unterrichts erklärt wurden.

Mit den ersten Studien zur Umsetzung der Nachhaltigkeitsidee (vgl. Institut für sozialökologische Forschung 1993; BUND/Misereor 1996) waren schon erste Themenfelder sichtbar geworden, die im Sinne der Nachhaltigkeit allein schon aufgrund der Bedeutung für eine nicht-nachhaltige Entwicklung und für Alternativen zum Maßstab für die inhaltliche Relevanz einzelner Themen- und Methodenkomplexe wurde. So wurden bisher Themen wie „Energie", „Mobilität", „Landwirtschaft/ Ernährung", „Bauen/Wohnen", die Kenntnisse der Permanenz-, Konsistenz- und Effizienzstrategien für eine nachhaltige Entwicklung ebenso ins Licht gerückt wie Fragen nach der Partizipation, Risikoakzeptanz etc. (vgl. de Haan u.a. 1997; de Haan 1997b).

Dieses lässt sich zumindest hinsichtlich der Sachthemen nun mit dem Syndromkonzept spezifizieren. Was ließe sich für die Umweltbildung, die Themen im Sinne der Bildung für Nachhaltigkeit bearbeitet, aus diesem Ansatz lernen? Die Themen erhalten einen veränderten Zuschnitt: Das Feuchtbiotop, die Umweltmedien „Wasser", „Luft" oder Kernprobleme wie „Hausmüll", „Tierschutz und Artensterben" etc. werden in Zukunft eher in Verbünden unter größeren Themenkomplexen behandelt werden. Diese Verbindung ist eine dreifache: Interdisziplinariät, Internationalität und Problemlösungskompetenz kommen mit dem Syndromkonzept zusammen. Das Syndromkonzept lässt sich mithin als neue Gestaltungsmöglichkeit für Bildungsthemen begreifen und ist gleichzeitig auf die Identifikation von Gestaltungsmöglichkeiten (als Problemlösungsmöglichkeiten) ausgerichtet.

Wenn das Zentrum für Umwelt und Kultur Benediktbeuern nun durch die räumliche Erweiterung die Möglichkeit zum Überdenken der Konzeption und zur Erweiterung bekommt, dann bietet sich, so denke ich, auch die Chance, neben den bewährten und gelungenen Veranstaltungen neue Felder zu bedenken, die starke Bezüge zu den Thematiken der Nachhaltigkeit haben. Hinweise in diese Richtung lassen sich schließlich zur Genüge finden. In gewisser Weise ist Bayern schließlich sogar Vorreiter in der Sache: Die Bayern-Agenda für eine nachhaltige und zukunftsfähige Entwicklung in Bayern weist schließlich ein ganzes Kapitel zur Umwelterziehung und Umweltbildung aus. Das ist für Deutschland geradezu vorbildlich und in manchen Punkten außerordentlich innovativ. So ist darin von der „gemeindenahen Umweltbildung" die Rede (Bayerisches Staatsministerium o.J., S. 344): An Runden Tischen soll über eine gemeindenahe Umweltbildung nachgedacht werden um das Umweltbildungsangebot regional zu bündeln und voranzubringen.

Damit knüpft die Bayern-Agenda 21 an Erfahrungen aus München, Glonn oder Grafing an: Hier wurde durch Bildungseinrichtungen der Agendaprozess angestoßen (vgl. zu den weniger bekannten Beispielen die vom Bayerischen Staatsministerium für Landesentwicklung und Umweltfragen geförderte Initiative „Forum Lernen 2000" 1998). Benediktbeuern würde in dieser Hinsicht als modellhafte Einrichtung sicherlich ein hervorragender Ort sein können, um durch vielfältige Initiativen, seien es Runde Tische oder große regionale Agendatreffen, die Bayern-Agenda 21 mit auf den Weg zu bringen.

LITERATUR

Bayerisches Staatsministerium für Landesentwicklung und Umweltfragen (Hrsg.): Bayern-Agenda 21 ... für eine nachhaltige und zukunftsfähige Entwicklung in Bayern, München o.J.

Bundesministerium für Umwelt, Naturschutz und Reaktorsicherheit (Hrsg.): Umweltpolitik. Konferenz der Vereinten Nationen für Umwelt und Entwicklung im Juni 1992 in Rio de Janeiro. Dokumente. Agenda 21, Bonn: Bundesministerium für Umwelt, Naturschutz und Reaktorsicherheit o.J.

Böttger, I./Schack, K.: Rahmenrichtlinienvergleich der Lehrpläne für den Sachunterricht aller Bundesländer. In: George, S./Prote, I. (Hrsg.): Handbuch der politischen Bildung in der Grundschule, Schwalbach: Wochenschau Verlag 1996, S. 239–260

Bohle, H.G./Th.E. Downing/M.J. Watts: Climate Change and Social Vulnerability. Towards a Sociology an Geography of Food Insecurity. In: Global Environmental Change 4 (1994), H. 1, S. 37–48

BUND/Misereor (Hrsg.): Zukunftsfähiges Deutschland. Ein Beitrag zu einer global nachhaltigen Entwicklung, Basel/Boston/Berlin: Birkhäuser 1996

Claußen, B.: Zur Theorie der politischen Erziehung im Elementar- und Primarbereich. Eine Analyse neuerer Konzeptionen, Frankfurt a.M. 1976

Eulefeld, G./Bolscho, D./Rost, J./Seybold, H.: Praxis der Umwelterziehung in der Bundesrepublik Deutschland, IPN Kiel 1988

Eulefeld, G./Bolscho, D./Rode, H./Rost, J./Seybold, H. (Hrsg.): Entwicklung der Praxis schulischer Umwelterziehung in Deutschland. Ergebnisse empirischer Studien, Kiel: IPN 1993

Forum Lernen 2000: Bildung für eine nachhaltige Gesellschaft. Modellprojekt zur Lokalen Agenda 21 in zwei bayerischen Gemeinden. Zwischenbericht 1998, Glonn/Grafing 1998

Gebauer, M.: Kind und Umwelt. Ergebnisse einer empirischen Studie, Frankfurt a.M./Berlin/Bern u.a.: Peter Lang 1994

Haan, G. de: Reflexion und Kommunikation im ökologischen Kontext. In: Apel, H. (Hrsg.): Orientierungen zur Umweltbildung, Bad Heilbrunn: Klinkhardt 1993, S. 119–172

Haan, G. de: Skizzen zu einer lebensstilbezogenen Umweltbildung. In: Loccumer Protokolle: Ökologische Bildung im Spagat zwischen Leitbildern und Lebensstilen, S. 125–156, Loccum: Evangelische Akademie 1997a

Haan, G. de: Paradigmenwechsel. Von der schulischen Umwelterziehung zu einer Bildung für Nachhaltigkeit. In: Politische Ökologie, 51 (1997b), Mai/Juni 1997, S. 22–26.

Haan, G. de: Bildung für nachhaltige Entwicklung? Sustainable Development im Kontext pädagogischer Umbrüche und Werturteile – Eine Skizze. In: Beyer, A. (Hrsg.): Nachhaltige Entwicklung und Umweltbildung, Hamburg: Krämer 1998a, S. 109–148.

Haan, G. de: Bildung für Nachhaltigkeit: Schlüsselkompetenzen, Umweltsyndrome und Schulprogramme. Paper 98–144, Berlin: Forschungsgruppe Umweltbildung FU Berlin 1998b

Haan, G. de/Kuckartz, U.: Umweltbewußtsein. Denken und Handeln in Umweltkrisen, Opladen: Leske + Budrich 1996

Haan, G. de u.a.: Umweltbildung als Innovation. Bilanzierungen und Empfehlungen zu Modellversuchen und Forschungsvorhaben, Berlin/Heidelberg u.a.: Springer 1997

Harborth, H.-J.: Dauerhafte Entwicklung statt globaler Selbstzerstörung: Eine Einführung in das Konzept des „Sustainable Development", Berlin: edition sigma 1993

Hauff, V. (Hrsg.): Brundtlandbericht: Weltkommission für Umwelt und Entwicklung. Unsere gemeinsame Zukunft, Greven 1987

Hellberg-Rode, G.: Umwelterziehung im Sach- und Biologieunterricht, Münster/New York: Waxmann 1992

Huber, J.: Nachhaltige Entwicklung. Strategien für eine ökologische und soziale Erdpolitik, Berlin: edition sigma 1995

Institut für sozial-ökologische Forschung (Hrsg.): Milieudefensie, Sustainable Netherlands, Aktionsplan für eine nachhaltige Entwicklung der Niederlande, Frankfurt a.M.: Institut für sozial-ökologische Forschung 1993

Kastenholz, H.G./Erdmann, K.H./Wolff, M. (Hrsg.): Nachhaltige Entwicklung. Zukunftschancen für Mensch und Umwelt, Berlin/Heidelberg: Springer 1996

Kochaneck, H.-M. u.a.: Umweltzentren in Deutschland, Bd. 5, München 1996/97

Preuß, O.: Chinas schmutziger Boom. In: Greenpeace, H. 3 (1997), S. 17–23.

Reusswig, F.: Nicht-nachhaltige Entwicklungen. Zur interdisziplinären Beschreibung und Analyse von Sydromen des globalen Wandels. In: Brand, K.-W. (Hrsg.): Nachhaltige Entwicklung. Eine Herausforderung an die Soziologie, Opladen: Leske + Budrich 1997, S. 71–90.

Rode, H.: Schuleffekte in der Umwelterziehung, Frankfurt a.M. u.a.: Peter Lang 1996

Rode, H.: Schuleffekte bei umweltbezogenen Handlungsmotivationen deutscher Schülerinnen und Schüler im 9. Schuljahr (unveröffentlichtes Manuskript), Kiel 1997

Rode, H./D. Bolscho/R.Dempsey/J. Rost: Empirische Studie zur Wirkung schulischer Umwelterziehung. Ergebnisbericht (Entwurf), Kiel 1998

Lehmann, J.: Befunde empirischer Forschung zu Umweltbildung und Umweltbewußtsein, Opladen: Leske & Budrich 1999

Rat von Sachverständigen für Umweltfragen (Hrsg.): Umweltgutachten 1994. Deutscher Bundestag, Drucksache 12/6995, Bonn: Rat von Sachverständigen für Umweltfragen 1994

Rat von Sachverständigen für Umweltfragen (Hrsg.): Umweltgutachten 1996, Stuttgart: Metzler-Poeschel 1996

Schreier, H.: Ökologische Bildung soll zur Mitte des Sachunterrichts der Grundschule werden: Aspekte einer didaktischen Verbindung von „Natur" und „Gesellschaft". In: Claußen, B./Wellie, B. (Hrsg.): Umweltpädagogische Diskurse, Frankfurt a.M.: Haag + Herchen 1996, S. 237–253.

Schreier, H. (Hrsg.): Die Zukunft der Umwelterziehung, Hamburg: Kraemer 1994

Weizsäcker, E.U. von/Lovins, A.B./Lovins, L.H.: Faktor Vier. Doppelter Wohlstand – halbierter Naturverbrauch. Der neue Bericht des Club of Rome, München: Droemer Knaur 1995

WBGU: Jahresgutachten 1993: Welt im Wandel: Grundstruktur globaler Mensch-Umwelt-Beziehungen, Bonn: WBGU 1993

WBGU: Jahresgutachten 1994: Welt im Wandel: Die Gefährdung der Böden, Bonn: WBGU 1994

WBGU: Jahresgutachten 1995: Welt im Wandel: Wege zur Lösung globaler Umweltprobleme, Berlin/Heidelberg: Springer 1995

WBGU: Jahresgutachten 1996: Welt im Wandel: Herausforderungen für die deutsche Wissenschaft, Berlin/Heidelberg: Springer 1996

WBGU: Jahresgutachten 1997: Welt im Wandel: Wege zu einem nachhaltigen Umgang mit Süßwasser, Berlin/Heidelberg: Springer 1997

Thomas Goppel

Umweltpolitik morgen: Konsens statt Dekret

Zukunft aus Erfahrung

Das diesjährige Pfingst-Symposium fällt mit dem zehnjährigen Jubiläum des Zentrums für Umwelt und Kultur zusammen. Deshalb erlaube ich mir, mich in die Reihe der Gratulanten einzureihen und dem ZUK herzlichst zu seinem 10. Geburtstag zu gratulieren. In diesem herrlichen Rahmen, auf urältestem bayerischen Kultur-Boden haben eine Reihe überaus tüchtiger Menschen eine Einrichtung geschaffen, die mittlerweile in Bayern – und wohl auch darüber hinaus – beispielhaft ist.

Von einem „Modell der Kirche für eine zukunftsfähige Entwicklung" spricht das Thema dieses Symposiums, und wir alle können dem nur von Herzen zustimmen. Wünschen wir dem ZUK und uns, dass hier wieder der Anfang einer kulturellen Entwicklung geschaffen wurde, ähnlich dem, als dieses Kloster und die anderen benediktinischen Ur-Klöster gegründet wurden, um unsere bayerische Kulturland-

Staatsminister Dr. Thomas Goppel

schaft zu schaffen und das Antlitz Bayerns neu zu gestalten.

Zehn Jahre Erfahrung des ZUK
„Zukunft aus Erfahrung" lautet das Motto dieses Pfingst-Symposiums. Ich kann hier nicht auf die Erfahrungen eingehen, die das ZUK, seine Verantwortlichen und die vielen, die das Angebot des Zentrums genutzt haben, in den vergangenen zehn Jahren gemacht haben und aus denen sie nun die Zukunft gestalten wollen. Erlauben Sie dem Politiker ein gewissermaßen politisches Resümee. Für mich ist das Zentrum für Umwelt und Kultur in Benediktbeuern ein Quell der Hoffnung und der Zuversicht. Das ZUK macht Mut für die Zukunft. Und dieser Mut beruht auf der Erfahrung der vergangenen zehn Jahre. Der Erfolg dieses Zentrums schenkt uns Optimismus für die Zukunft: für die Zukunft des Zentrums für Umwelt und Kultur, und für die Zukunft unserer Umwelt schlechthin.

Wachsendes Bewusstsein
für „Umweltschutz"
Kein anderes Thema unserer Zeitgeschichte war in so kurzer Zeit so erfolgreich und so bestimmend wie der Umweltschutz – meine ich. Vor wenigen Jahrzehnten war das Wort „Umweltschutz" noch so gut wie unbekannt. Auch der Begriff der „Ökologie" war einzig den Biologen geläufig. Heute sind sie in aller Munde, allen bewusst, und sie haben begonnen, die Welt zu verändern.

Ökologische Wende
Meiner Überzeugung nach werden künftige Geschichtsbücher diese vergangenen Jahrzehnte einmal als eine zweite Wende, als die „Ökologisierung" unserer Industriezivilisation beschreiben, als einen gewaltigen, evolutiven, historischen Fortschritt. Und daran mitgewirkt zu haben kann sich auch das ZUK rühmen.
Aus dem Blickwinkel unseres Alltags-Geschäfts und der Ungeduld des Engagierten gesehen, geht uns dieser Prozess der Ökologisierung nicht schnell und nicht weit genug. Aber wir sollten über den „Tellerrand" hinausblicken, nicht nur nach vorne, sondern auch zurück. Und dann werden wir feststellen, dass sich in den letzten Jahrzehnten eine grundlegende kultur- und geistesgeschichtliche Evolution vollzogen hat. Der „Großtanker" der Industriezivilisation ändert seinen Kurs – zunächst nur langsam, Grad für Grad, auf lange Sicht und Frist aber mit neuen Zielen und zu neuen Horizonten.

Zeitenwechsel

Erfolge des Umweltschutzes
Das belegen eindrucksvoll auch die Erfolge der letzten Jahre und Jahrzehnte. In Mitteleuropa, vor allem in seinem hochindustrialisierten und dicht besiedelten Zentrum, in Deutschland und in Bayern, hat sich die Umweltsituation nachhaltig verbessert. Die jüngsten „Daten zur Umwelt" des Umweltbundesamtes unterstreichen, dass die Belastung von Luft, Wasser und Boden in Deutschland entscheidend zurückgegangen ist. Der letzte „Länderprüfbericht" der OECD zur Umweltsituation und Umweltpolitik in Deutschland bestätigt, dass Deutschland zum Beispiel im Bereich der Luftreinhaltung und des Gewässerschutzes eine führende Position einnimmt.

Last des Erfolges

Der Umweltschutz war so erfolgreich, dass der Bürger ihn fast schon für selbstverständlich, für heute nicht mehr vordringlich hält. Auch fällt es im Zuge der Globalisierung zunehmend schwerer, den Bürger für weitergehende Umweltschutzmaßnahmen zu gewinnen, wenn anderenorts noch nicht annähernd der bayerische Stand erreicht ist.

Neue Herausforderungen

Aber wir dürfen nicht stehenbleiben, denn das hieße, die Zukunft zu verspielen. An die Stelle von weitgehend erledigten Aufgaben treten heute neue:

- Zum Schutz einzelner Umweltmedien und vor einzelnen Schadstoffen treten zunehmend die Probleme von *komplexen, langfristigen und medienübergreifenden Belastungen*: so etwa der Schutz des Bodens und des Grundwassers.
- Zum Umweltschutz im Zusammenhang mit einzelnen Verursachern, z.B. großen Anlagen, treten *Probleme mit ganzen Verursachergruppen bzw. -systemen*: z.B. beim Straßenverkehr oder in der Energiewirtschaft.
- Zu unseren nationalen Umweltproblemen treten zunehmend *internationale, globale Problemstellungen*, die Sorge um das Klima als die allerwichtigste.
- In einem umgreifenden Wandel befinden sich auch die wirtschaftlichen und politischen Rahmenbedingungen des Umweltschutzes. Die *Globalisierung* verschärft die Wettbewerbssituation der deutschen Wirtschaft und engt den finanziellen und politischen Spielraum des Staates ein.

Neue strategische Modelle

Auf diesen Wandel der Prioritäten und der Herausforderungen hat die Umweltpolitik geantwortet:

- Wichtigster Markstein war der „Erdgipfel", die Konferenz der Vereinten Nationen für Umwelt und Entwicklung von 1992 in *Rio de Janeiro*. Der damals eingeleitete „Rio-Prozess" prägt seither die internationale Umweltpolitik.
- Die *Europäische Union* hat die strategischen Vorgaben von Rio insbesondere mit dem Maastricht-Vertrag von 1993 und dann mit dem 5. Umweltaktionsprogramm „Für eine dauerhafte und umweltgerechte Entwicklung" umgesetzt.
- In *Deutschland* haben Bund und Länder die Vorgaben von Rio aufgegriffen. Ihre gemeinsamen strategischen Überzeugungen fasst die Jenaer-10-Punkte-Erklärung zusammen, die vor rund einem Jahr die Umweltministerkonferenz verabschiedet hat und die weitgehend von Bayern initiiert und formuliert worden war.
- Diese Neuordnung der deutschen Umweltpolitik nach Rio hat Bayern von Anfang an wesentlich mitgeprägt. Die Regierungserklärung vom Juli 1995 *„Umweltinitiative Bayern"* hat eine umgreifende politische Grundlage gelegt. Der Umweltpakt Bayern vom Oktober 95, die Arbeit des Umweltforums seit dem Januar 96, die Bayern-Agenda vom Dezember 97 sowie die Arbeit einer Vielzahl bayerischer Gemeinden an kommunalen Agenden sind Merkmale dieser Neuordnung der Umweltpolitik in Bayern.

Leitbild der nachhaltigen Entwicklung

Strategischer Schlüsselbegriff dieses modernen Umweltschutzes ist das Leitbild der nachhaltigen Entwicklung. Sein entscheidender Fortschritt liegt in der Erkenntnis, dass ökonomische, soziale und ökologische Entwicklung nicht voneinander abgespalten und nicht gegeneinander ausgespielt werden dürfen. Soll menschliche Entwicklung auf Dauer gesichert sein, so sind die drei Komponenten Ökologie, Ökonomie und soziale Sicherheit als eine notwendige Einheit zu betrachten.

Schutz der Umwelt
als integraler Bestandteil
Das Leitbild der nachhaltigen Entwicklung steht für ein Konzept, das die Verbesserung der ökonomischen und sozialen Lebensbedingungen der Menschen mit der langfristigen Sicherung der natürlichen Lebensgrundlagen in Einklang bringt. Der Schutz der Umwelt darf danach nicht am Ende stehen, sondern muss integraler Bestandteil jeder Entwicklung sein. Auf Dauer werden nur solche Formen des Lebens und Wirtschaftens Bestand haben, die einen effizienten und sparsamen Umgang mit den knapper werdenden natürlichen Ressourcen gewährleisten.

Vorbildfunktion des ZUK
Dass und wie das möglich ist, können wir hier in Benediktbeuern lernen. Das ZUK und das Kloster zeigen auf, dass die Bewirtschaftung des Landes ökonomischen wie ökologischen Maßstäben gerecht werden kann. Hier wird eine Vorbildfunktion wahrgenommen, die den

hier vorgetragenen Thesen zu Glaubwürdigkeit und Überzeugungskraft verhilft. Alle Beteiligten wissen aber auch, dass dem ein langer Prozess der Diskussion und Bewusstseinsbildung vorausgegangen ist.

Partizipation und Kooperation

Kein allzuständiger Staat
Dieses umfassende, ganzheitliche politische Ziel der „nachhaltigen Entwicklung" begründet nun aber keine entsprechend umfassende, „ganzheitliche" und grenzenlose Zuständigkeit des Staates. Die Vorstellung, dass die Zukunftsgestaltung am besten beim Staat aufgehoben ist, der sie dirigistisch-bürokratisch verordnet, ist mit dem ruhmlosen Ende der sozialistischen Diktaturen hoffentlich endgültig zu Grabe getragen. Nachhaltige Entwicklung heißt nicht, dass nun jeder Bürger von der Wiege bis zur Bahre im Hinblick auf seine Umweltverträglichkeit überwacht und entsprechend verplant wird.

Partizipativer Dialogprozess
Im Gegenteil: Eine nachhaltige Entwicklung kann nicht „von oben" verordnet werden, sondern sie erwächst in einer freiheitlichen Gesellschaft nach dem Prinzip der Selbstorganisation von unten nach oben. Die Integration des Umweltschutzes in alle Wirtschafts- und Lebensbereiche muss untrennbar mit einer entsprechenden „Privatisierung" der Umweltverantwortung verbunden sein.
Im Rahmen eines Dialogs müssen deshalb Staat und gesellschaftliche Gruppen einen ge-

meinsamen Konsens über Handlungsprioritäten und Problemlösungsstrategien schaffen und dabei möglichst viele Nutzer von Umweltgütern einbeziehen. Nachhaltige Entwicklung kann dabei nicht als Programm erstellt und umgesetzt, sondern nur als Prozess eingeleitet und verwirklicht werden.

Staat als Moderator

Die UNO-Umweltkonferenz von Rio hat somit einen neuen Prozess der „Vergesellschaftung" der Umweltpolitik in die Wege geleitet. Umweltschutz entwickelt sich von einem „Staats-Umweltschutz" mit seinen klassischen ordnungsrechtlichen Instrumentarien immer stärker zu einem gesamtgesellschaftlichen Umweltschutz, der von den Ideen und Initiativen, von Engagement und Idealismus der Wirtschaft und der gesellschaftlichen Gruppierungen lebt. Die Aufgabe des Staates hingegen wird – über die bisherige öffentliche Umweltpolitik hinaus – die eines Moderators und Koordinators dieser gesamtgesellschaftlichen Anstrengungen.

Neue Instrumente der Kooperation

Für den Staat bedeutet das, dass er über den traditionellen bürokratisch-regulativen Politikstil hinaus neue Instrumente der Kooperation entwickeln muss. In ihnen steht der Prozess der offenen, dialogischen Entscheidungsfindungen im Vordergrund, die auf das eigenverantwortliche Handeln aller Beteiligten zielt: *Konsens statt Dekret.*

Hierfür gibt es in Bayern vorbildliche Beispiele:

– *Umweltforum:* Ein solches neues Instrument des Dialogs und der Kooperation ist in Bayern das Umweltforum, das Ministerpräsident Dr. Edmund Stoiber 1995 in seiner Regierungserklärung „Umweltinitiative Bayern" angekündigt hat und das ich Anfang Januar 1996 gegründet habe. In ihm sollen „Vertreterinnen und Vertreter der verschiedensten gesellschaftlichen Gruppen ... insbesondere zu langfristigen Entwicklungen in der Umweltpolitik Konzepte und Vorschläge erarbeiten".

– *Bayern-Agenda:* Unterstützt vom Umweltforum hat die Bayerische Staatsregierung die Bayern-Agenda 21 erarbeitet und Ende 1997 vorgelegt, als „integriertes Konzept für eine nachhaltige Entwicklung auf regionaler Ebene", wie die Agenda 21 von Rio fordert.

– *Kommunale Agenden 21:* Auch auf kommunaler Ebene vollzieht sich dieser Agenda-Prozess. In über 200 bayerischen Gemeinden sind bereits Verfahren angelaufen, um derartige Richtlinien für kommunales Handeln zu erarbeiten. Wir unterstützen dies nach Kräften, denn als bürgernächste Verwaltungsebene spielen die Kommunen eine wesentliche Rolle bei dem Bemühen um eine nachhaltige Entwicklung.

– *Umweltpakt Bayern:* Das erste, bestens funktionierende Modell der neuen bayerischen Politik von Kooperation und Partizipation ist der Umweltpakt Bayern, der im Oktober 1995 zwischen dem Freistaat und der bayerischen Wirtschaft geschlossen wurde und der auf eine verstärkte Zusammenarbeit im Sinne einer Umweltpartnerschaft setzt.

Probleme des Pluralismus

Mit dieser neuen Politik der Partizipation und Kooperation werden neue Möglichkeiten der Problemlösung geschaffen, die bestehenden Probleme aber noch nicht gelöst. Wenn die verschiedenen gesellschaftlichen und wirtschaftlichen Gruppen in den politischen Entscheidungsprozess mit einbezogen werden, verdeutlicht dies die eigentlichen Probleme oft überhaupt erst in aller Schärfe. Die verschiedenen Gruppen und Vereinigungen konkurrieren mit ihren Interessen und Ansprüchen oft um begrenzte Naturgüter. Zum Teil schließen sich dabei die verschiedenen Nutzungsansprüche gegenseitig aus; zum Teil, wenn sie allesamt befriedigt würden, überschreiten sie die Belastbarkeit der Natur.

Ein – noch vergleichsweise harmloses – Beispiel sind die einander störenden bzw. sich ausschließenden Formen der Freizeitaktivitäten in der Natur: die Streitigkeiten zwischen Fußgängern, Radlern und Reitern; zwischen Surfern, Seglern und Schwimmern; zwischen Skifahrern und Snow-Boardern; usw. usw.

Konsens verlangt Rücksicht

In diesen und ähnlichen Fällen muss von den verschiedenen Gruppen und Verbänden die Bereitschaft zum Kompromiss und zur Rücksichtnahme verlangt werden können. Mancher Verbandsführer, der sich vor der eigenen Mitgliedschaft als besonders tatkräftiger Vertreter der Verbandsinteressen empfehlen will, empfindet das als schlichte Zumutung. In diesen Fällen sind die Verbandsmitglieder meistens vernünftiger als die Führung. Auf jeden Fall verlangt dieses Prinzip eines partnerschaftli-

chen Umweltschutzes von allen Beteiligten: vom Staat, von den Verbänden und ihren Mitgliedern neue Formen eines dem Gemeinwohl verantwortlichen Handelns.

Friedensstifter Staat

Kann dieser Frieden zwischen den Verbänden und mit der Natur nicht von den gesellschaftlichen Gruppen selbst geleistet werden, ist und bleibt der Staat als „Friedensstifter" in der Verantwortung. So ist es letztlich in die Hand der Gesellschaft und der Wirtschaft bzw. ihrer Verbände und Vereinigungen gegeben, in welchem Maße sich der Staat auf die Rolle des Moderators und Koordinators zurückziehen kann, inwieweit Freiheitlichkeit und Effizienz staatliche Obrigkeit samt den entsprechenden Kosten ersetzen kann.

Deregulierung und Substitution

Wir werden deshalb auch künftig ein maßvolles, effizientes staatliches Ordnungsrecht brauchen, weil damit der Staat „Frieden" zwischen den Beteiligten und mit der Umwelt stiften kann.

Das Ordnungsrecht stößt an Grenzen

Doch kann der staatliche Umweltschutz nicht durch noch mehr „umwelt-polizeiliche" Ge- und Verbote weiter ausgebaut und vervollkommnet werden. Mit mehreren Tausend Gesetzen, Verordnungen und Verwaltungsvorschriften stößt das Umwelt-Ordnungsrecht in Deutschland an seine Grenzen. Immer mehr Bürokratie, immer mehr Überwachung, immer mehr Kosten – und leider auch immer mehr Vollzugsdefizite. Das kann wohl kaum ein Rezept für die Zukunft sein.

Noch einmal: Wir brauchen auch weiterhin ein wirksames Ordnungsrecht. Aber wir müssen es straffen, entrümpeln und effektiver gestalten – ohne dabei unsere hohen Umweltstandards zu gefährden.

Eigenkontrolle statt Fremdkontrolle
Ein Weg dabei ist, hoheitliche Fremdkontrolle durch freiwillige Eigenkontrolle der Wirtschaft zu ersetzen. Das verlangt allerdings, dass beide Formen der Kontrolle in ihrer Zielsetzung und ihrer Wirksamkeit gleichwertig sind. Im Zentrum des Umweltpakts Bayern steht deshalb die Pflicht der Bayerischen Wirtschaft zur Weiterentwicklung des eigenverantwortlichen betrieblichen Umweltschutzes – vor allem durch die Teilnahme am sog. EG-Öko-Audit. Immer mehr Betriebe in Bayern unterziehen sich deshalb diesem „Öko-Management-TÜV". Jeder fünfte der in Deutschland nach dem EG-Öko-Audit registrierten Standorte liegt in Bayern.

Ökologische Fortentwicklung
der sozialen Marktwirtschaft
Noch wichtiger aber ist, dass wir das Ziel der nachhaltigen Entwicklung in die Rahmenbedingungen unserer Wirtschaftsordnung insgesamt integrieren. Wir müssen die soziale Marktwirtschaft zu einer gleichermaßen sozial wie ökologisch verpflichteten Marktwirtschaft weiterentwickeln; das ökologisch Notwendige muss in Marktsignale umgesetzt werden. Die Rahmenbedingungen der Wirtschaftsordnung

müssen wir so weiterentwickeln, dass das ökologisch Notwendige und das ethisch Gebotene zum ökonomisch Gewinnbringenden wird.

Marktwirtschaftliche Instrumente
Für diese Integration des Umweltschutzes in die Rahmenbedingungen unserer Wirtschaftsordnung stehen eine Fülle von Instrumenten zur Verfügung: von der freiwilligen verbindlichen Vereinbarung wie dem Umweltpakt Bayern bis hin zur Normierung der sog. Produktverantwortung des Herstellers.

Auch können die ökologischen Elemente im Steuer- und Abgabenrecht ausgebaut werden, um das Eigeninteresse von Produzenten und Konsumenten an umweltfreundlichen Gütern und Dienstleistungen zu wecken. Das erfolgt längst, etwa im Bereich des Kraftfahrzeugsteuerrechts, wo schadstoffarme und verbrauchsgünstige Fahrzeuge gefördert werden. Die Diskussion um diese schwierige Materie hat jüngst erheblichen Schaden genommen, als die Grünen ihren uralten, ideologischen Ladenhüter „5-DM-pro-Liter-Benzin" herausgekramt haben und nach dem Donnerwetter der Wähler wieder in der Schublade verschwinden ließen. Mit solchen ideologischen Purzelbäumen wird der Sache nur geschadet.

Prinzip der Subsidiarität
Wenn wir versuchen, vom Dekret zum Konsens zu kommen, vom klassischen staatlichen Ordnungsrecht zur Fortentwicklung der Rahmenbedingungen der Wirtschafts- und Gesellschaftsordnung, vom klassischen staatlichen Umweltschutz zum eigenverantwortlichen Umweltschutz von Wirtschaft und Gesell-

schaft, dann folgen wir nicht nur dem Appell der Vereinten Nationen von 1992, sondern auch einem alten Appell des christlichen Welt- und Menschenbildes – insbesondere der katholischen Soziallehre. Für sie ist das Prinzip der Subsidiarität ein zentrales Element einer freiheitlichen, selbstverantworteten Gesellschaft.

„Oberster sozialphilosophischer Grundsatz"
In der Enzyklika „Quadragesimo anno" aus dem Jahre 1931 definiert Papst Pius XI. wortmächtig das Subsidiaritäts-Prinzip:
„Jener oberste sozialphilosophische Grundsatz, an dem nicht zu rütteln und zu deuteln ist: … was der Einzelmensch aus eigener Initiative und mit seinen eigenen Kräften leisten kann, (darf) ihm nicht entzogen und der Gesellschaftätigkeit zugewiesen werden …"

Rückbesinnung auf den Kern
Mit diesem Subsidiaritäts-Prinzip müssen wir auch in der Umweltpolitik wieder aufs Neue ernst machen. Der Appell von Rio und unsere bayerischen Bemühungen um eine Umweltpolitik der Kooperation und Partizipation bringen deshalb nicht einen Verlust an staatlicher Souveränität, wie von manchen befürchtet wird. Sie wollen vielmehr eine Überforderung des Staates abbauen, von einem zu hohen Maß an Staatsgläubigkeit wieder zurückführen zum Wesentlichen einer angemessenen Staatlichkeit.
Wir müssen auch im Umweltschutz deutlich machen, dass wir von einem Staatsverständnis ausgehen, wonach nicht der Staat primär für Daseinsvorsorge und Wohlfahrt zuständig ist,

sondern die Gesellschaft, die Wirtschaft und jeder Einzelne. Der Staat wie auch der Umweltschutz wachsen aus der verantwortungsvollen Teilnahme eines jeden einzelnen Bürgers. Er, die Gesellschaft und ihre Gruppen, die Wirtschaft und ihre Verbände tragen die Verantwortung für die Zukunft – gerade auch, wenn es um die Umwelt geht. Der Staat hat nur die Aufgabe – und diese ist groß genug – diesen Prozess zu moderieren und zu koordinieren, den Rahmen zu setzen, unmittelbare Gefahren abzuwehren und, wo es anders nicht gelingt, soziale Gerechtigkeit, sozialen Frieden und Frieden mit der Natur zu sichern.

Solidarität mit den Kommenden

Sozialleistung für die Zukunft
Das führt uns zu der eigentlichen, ethischen Dimension des Prinzips der nachhaltigen Entwicklung. Der Schutz der Umwelt ist heute einer der wichtigsten Sozialleistungen für die Zukunft, ein Gebot der Gerechtigkeit zwischen den Generationen, denn auch die künftigen Generationen haben ein Recht, in einer intakten Umwelt zu leben und deren Ressourcen in Anspruch zu nehmen. Das Prinzip der Nachhaltigkeit verpflichtet uns, Verantwortung für die Zukunft menschlichen Lebens zu übernehmen.

Bindung und Bildung
Zu dieser ethischen Dimension der Nachhaltigkeit, zu diesem neuen, umgreifenden kategorischen Imperativ der Weltverantwortung müssen wir heute die Menschen, vor allem die

jungen Menschen, hinführen. Wir alle hier wissen um die Schwierigkeiten der heutigen Gesellschaft, zu einem gemeinsamen Grundkonsens zu finden, die Folgen einer übersteigerten „Individualisierung" zu überwinden, die Solidarität der Gesellschaft und die Identität stiftende Kraft des Staates zu wahren.

Aber wir kennen auch die Gegenbeispiele zu dieser Entwicklung: u.a. dieses Zentrum für Umwelt und Kultur – „ein Modell der Kirche für eine zukunftsfähige Entwicklung". Hier liegt auch dessen eigentlicher, zentraler Bildungsauftrag, und sein eigentlicher, wahrer Dienst an unserer Gesellschaft und an unserer Umwelt.

Dass das Zentrum für Umwelt und Kultur von Benediktbeuern uns, unserer Gesellschaft und unserer Umwelt diesen Dienst noch viele weitere Jahrzehnte leisten möge, ist unser aller Wunsch zu diesem zehnjährigen Jubiläum.

Markus Vogt

Einige Thesen zur Vorbereitung und Anregung der Podiumsdiskussion „ZUKunft aus Erfahrung – Perspektiven in Bildung, Kirche und Politik"

Vorbemerkung: Die folgenden Thesen wollen nicht bestimmte Positionen festschreiben, sondern vielmehr das Nachdenken über gemeinsame Ansätze, Berührungs- und Konfliktpunkte zwischen Bildung, Politik und Kirche im Umweltbereich anregen.

Zum Titel

1. Der Titel „ZUKunft aus Erfahrung" ist mehr als ein Wortspiel. Er meint: Erfahrungen sind Voraussetzung für die Zukunftsfähigkeit, deshalb muss Umweltbildung Raum geben für sinnliche Naturerfahrungen sowie für soziale Erfahrungen im praktischen Engagement; sie sollte kulturelle und religiöse Traditionen, in denen kollektive Erfahrungen des Naturumgangs „gespeichert" und weitergegeben werden, pflegen; sie muss

Dr. Markus Vogt

nicht zuletzt offen sein für gesellschaftliche Erfahrungszusammenhänge, um so auch politische Verantwortungsfähigkeit zu fördern. „Zukunft aus Erfahrung" meint eine differenzierte Zuordnung von konservativen und innovativen Elementen, was gerade für den Umweltbereich ein Schlüsselfaktor ist. Der Rückblick auf zehn Jahre ZUK geschieht deshalb nicht des bloßen Erinnerns wegen, sondern im Blick auf pädagogische Konzepte, christliche Grundlagen und politische Bedingungen für eine zukunftsweisende Bildungsarbeit. Ziel der Podiumsdiskussion sollte es sein, das Thema des Symposiums in dieser Weise zu konkretisieren und einige Orientierungs- und Handlungsperspektiven zu entfalten.

Ethisch-politische Grundlagen

2. Umweltschutz ist heute verpflichtender Bestandteil einer verantwortlichen Generationenvorsorge und damit sozialer Gerechtigkeit. Er ist Voraussetzung für jede langfristig tragfähige Wirtschaft. Deshalb stehen ökologische, soziale und ökonomische Entwicklungsziele der Gesellschaft in einem engen Zusammenhang wechselseitiger Abhängigkeit. Diese Sichtweise ist der Kern des Konzepts der nachhaltigen Entwicklung, das seit der UNCED-Konferenz von Rio de Janeiro verbindliches Programm der internationalen Umweltpolitik ist und das jüngst in der „Bayern-Agenda 21" vielfältige Konkretisierungen erfahren hat. Nur ein solcher integrativer Ansatz kann die Isolierung von Um-

welthemen überwinden und den nachsorgend auf die Reparatur der Schäden gerichteten Ansatz in eine zukunftsorientierte Programmatik wandeln.

3. Das Leitbild der Nachhaltigkeit steht nicht nur für ein sozioökonomisches Programm, sondern darüber hinaus auch für die Suche nach der Wiedergewinnung neuer, langfristiger Zukunftsperspektiven, die für viele Bürger durch die ökologischen Bedrohungen und schleichenden Zerstörungen in Frage gestellt werden. Es verweist auf die Vision einer globalen Solidarität, einer neuen Sozialkultur gesellschaftlicher Eigeninitiativen sowie einer Wirtschafts- und Lebensform, deren Leitwert nicht maximaler Konsum ist, sondern ein sozial und ökologisch verantworteter Wohlstand. Einen solchen Aufbruch voranzubringen stellt eine Herausforderung dar, für die Politik, Bildung und Kirche in je eigener Weise eine Schlüsselfunktion haben.

4. Das Leitbild der nachhaltigen Entwicklung ist ein pluralistisches Leitbild: Die Wege nachhaltiger Entwicklung können sehr verschieden aussehen und nur bedingt administrativ verordnet werden. Sie sind nicht eindeutig vorgegeben, sondern können nur durch kreative Entdeckungsprozesse in Kultur, Wissenschaft, Wirtschaft und Technik gefunden werden. Dennoch sind verbindliche Regelungen zum Schutz der natürlichen und kulturellen Ressourcen einer zukunftsfähigen Gesellschaft notwendig. Dies erfordert neue Wege einer dialogischen Politik

für eine breite Verständigung darüber, was die tragenden Leitziele und Prioritäten der gesellschaftlichen Entwicklung sein sollen, wie die Dominanz kurzfristiger Optimierungen in Politik und Wirtschaft überwunden werden kann und wo eine konsensfähige Umweltpolitik in Zeiten der Massenarbeitslosigkeit und des globalen Wettbewerbs ansetzen muss.

Perspektiven der Bildung

5. Die Ausrichtung der gesellschaftlichen Entwicklung am Maßstab der Nachhaltigkeit erfordert umfassende Orientierungs- und Lernprozesse. Denn alle technischen Optimierungen und politisch- strukturellen Maßnahmen hierfür bleiben auf die Dauer wirkungslos, wenn sie nicht auf die subjektive Bereitschaft der Menschen zur Umsetzung und Mitgestaltung der darin gesetzten Ziele treffen. Notwendig ist ein tiefgreifender Prozess der Bewusstseinsbildung, ein neues Verständnis von Wohlstand sowie eine engagierte Einübung entsprechender Handlungskompetenzen.

6. Die Agenda 21 fordert ausdrücklich eine Neuausrichtung der Bildung auf das Konzept der Nachhaltigkeit (Kapitel 36: Förderung der Schulbildung, des öffentlichen Bewusstseins und der beruflichen Aus- und Fortbildung). Umweltbildung soll in ein Gesamtkonzept eingebettet und zur Bildung für nachhaltige Entwicklung transformiert werden. Diese verknüpft die Fragen des Natur- und Umweltschutzes mit Fragen der internationalen Gerechtigkeit, der wirtschaftlichen Entwicklung, der kulturellen Grundwerte sowie der individuellen Lebensgestaltung. Bildung und Erziehung für eine nachhaltige Entwicklung konkretisiert die Grundentscheidung für intra- und intergenerative Gerechtigkeit, indem sie die notwendige Willensbildung und Kompetenz für die Gestaltung einer zukunftsfähigen d.h. ökologisch verträglichen, sozial ausgewogenen und ökonomisch effizienten Gesellschaft unterstützt.

7. Der Nachhaltigkeitsdiskurs hat einen kulturellen Umbruch zum Thema, der weitaus substantieller ist als jener der 60er Jahre: Gewohnte Wirtschafts-, Politik- und Lebensformen, das Verhältnis zwischen Industrienationen und Entwicklungsländern, die positivistische Wissenschaftsorientierung sowie eindimensionale Denkmuster und Werthaltungen werden auf den Prüfstand der Zukunftsfähigkeit gebracht. Es geht um Denk- und Handlungsansätze, die die Beziehung des Menschen zu seiner Umwelt auf ein neues Fundament stellen: Die Grundmaxime hierfür lässt sich als „Vernetzung" umschreiben: Die Einbindung der Zivilisationssysteme in das sie tragende Netzwerk der Natur muss zum Prinzip des individuellen und gesellschaftlichen Handelns werden. „Gesamtvernetzung" (Retinität) ist der Leitbegriff einer am Konzept der Nachhaltigkeit orientierten Ethik, Politik und Pädagogik.

8. Nach dem Anspruch der Agenda 21 soll Bildung helfen, die Lebensgewohnheiten der Menschen im Hinblick auf Konsum- und Produktionsweisen zu verändern (life-cycle-approach). Zur Entkoppelung des Lebensstils von umweltverbrauchendem Konsum gehören Elemente wie Suffizienz (Genügsamkeit) und die Bereitschaft durch persönlichen Verzicht die Konsequenzen aus ökologischen Begrenzungen zu ziehen. Auf breiter Basis werden sich neue Lebensstile jedoch nur allmählich über kulturelle Neuorientierungen, die sie attraktiv erscheinen lassen, herausbilden. Maßgeblich ist hier, ob es gelingt, die Natur nicht nur als Grenze zu thematisieren, sondern auch als Chance, als Bestandteil von Lebensqualität und als Quelle von Lebensfreude. Ökologische Imperative müssen integriert werden in die vorherrschenden Leitwerte wie etwa Freiheit, Pluralität, Individualität, Autonomie oder Mobilität und diese von „innen" heraus modifizieren. Nur auf diese Weise wird man über leere Verzichtappelle hinauskommen und zu den Determinanten der Willensbildung und der Handlungsentscheidung im Alltag vordringen.

9. Appelle an den Einzelnen greifen zu kurz, wenn sie nicht gleichzeitig in gesellschaftliche Zusammenhänge eingebettet werden. Umweltbildung darf kein Ersatzhandeln sein für politische Lösungsstrategien. Es geht keineswegs nur um ein persuasives, „überredendes" Instrument der Umweltpolitik, sondern ebenso um eine aufklärerische Bildung, die befähigt, aktiv, kritisch und

wirksam an gesellschaftlichen Gestaltungsprozessen für eine nachhaltige Entwicklung mitzuwirken. Die auf individuelle Verhaltensänderungen zielende Umwelterziehung muss deshalb systematisch mit der auf gesellschaftliche Veränderung zielenden Ökopädagogik verknüpft werden. Beide Konzepte können und sollen sich wechselseitig befruchten. Bildung und Erziehung für eine nachhaltige Entwicklung ist Voraussetzung für eine kritische und konstruktive Beteiligung der Öffentlichkeit an politischen Entscheidungsfindungen. Sie sollte daher nicht nur ökospezifische Kompetenz vermitteln, sondern auch Sozialkompetenz, also Fähigkeiten der öffentlichen Kommunikation, des Umgangs mit den Medien, der Konfliktbewältigung und der politischen Mitwirkung.

Zum Auftrag und Handlungsansatz der Kirche

10. Für viele ist die ökologische Krise der Ausgangspunkt, um in neuer und drängender Weise nach der Zukunft des Menschen und nach seiner Stellung in der Welt zu fragen. Im Horizont solcher Fragen wird die vielschichtige Umweltproblematik zugleich zu einer tiefen religiösen Herausforderung: Sie ist eine Bewährungsprobe für den christlichen Glauben, dass die Schöpfung vom Wohlwollen Gottes umfangen und getragen wird. Es gilt, diesen Schöpfungsglauben in der theologisch-ethischen Reflexion, in der Verkündigung, im pastoralen Handeln sowie im zivilgesellschaftlichen Engagement der

Kirche so zu entfalten und wiederzuentdecken, dass er sich angesichts der ökologischen Krise als orientierende und wegweisende Botschaft erweist.

11. Soll der christliche Schöpfungsglaube angesichts der komplexen Probleme der heutigen Welt ethische und politische Gestaltungskraft gewinnen, bedarf er der Verknüpfung mit einem Rahmenkonzept, das seine Grundoptionen unter den Bedingungen und tatsächlichen Entscheidungsproblemen moderner Gesellschaft zur Geltung bringt. Dafür bietet sich das Leitbild der nachhaltigen Entwicklung an. Es ermöglicht die Intentionen der Schöpfungsverantwortung zu konkretisieren und in den politischen Diskurs einzubringen. Gleichzeitig können der christliche Schöpfungsglaube und das christliche Menschenbild das Leitbild wesentlich in seiner kulturellen und ethischen Dimension vertiefen.

12. In dem häufig synonym zu „Nachhaltigkeit" verwendeten Begriff „Zukunftsfähigkeit" schwingt eine weit über die Ebene des politisch Machbaren hinausweisende Dimension mit: Zukunftsfähigkeit hat etwas mit einem sinnerfüllten Leben zu tun. Voraussetzung hierfür ist, dass der Mensch in Übereinstimmung mit sich selbst und seinem sozialen Umfeld, seinem Gewissen oder seinem religiösen Glauben handelt. Er

kann sie nur dann gewinnen, wenn er sich in etwas „festmacht", das über sein eigenes Ich hinausgeht und ihm so einen dauerhaften Zukunftshorizont eröffnet. Diese religiöse und ethische Tiefendimension des Begriffs ist ein wesentlicher Grund dafür, dass er bei vielen so große Hoffnungen zu wecken vermag. Es ist Aufgabe und Chance der Kirchen, hieran anzuknüpfen und den Begriff der tagespolitischen Vereinnahmung und Verflachung zu entziehen.

13. Es fehlt in unserer Gesellschaft nicht an moralischen Appellen, sondern vielmehr an glaubwürdigen und wirksamen Handlungsimpulsen für die Bewahrung der Schöpfung. Deshalb kommt dem praktischen Handeln der Kirche eine grundlegende und unverzichtbare Bedeutung zu. Im Bereich kirchlicher Bauten sowie der Verwaltung und Bewirtschaftung kirchlichen Eigentums bieten sich hier zum Teil auch finanziell attraktive Möglichkeiten.

14. Die Schwerpunkte des möglichen Beitrags der Kirchen zum Umweltschutz liegen jedoch in Fragen der wertorientierten Bewusstseinsbildung und der Förderung eines umweltgerechten Lebensstils. Schrittmacher in den Kirchen sind hier Bildungseinrichtungen, Verbände und nicht zuletzt Ordensgemeinschaften.

Die Teilnehmer der Podiumsdiskussion unter Leitung von Dr. Markus Vogt, Referent am Zentrum für Umwelt und Kultur, Benediktbeuern:

Dr. Ursula Beykirch,
Sekretärin der Glaubenskommission der Deutschen
Bischofskonferenz, Bonn

Prälat Dr. Valentin Doering,
Leiter des katholischen Büros, München

Prof. Dr. Gerhard de Haan,
Freie Universität Berlin, Vorsitzender der Deutschen
Gesellschaft für Umwelterziehung, Hamburg

Ministerialdirigentin Dr. Barbara Schuster,
Bundesministerium für Umwelt, Naturschutz
und Reaktorsicherheit, Bonn

Hans Zehetmair

Umwelterziehung heute: Von der Jugend lernen

Seit alters her verknüpfen wir mit dem Begriff „Erziehung" die Vorstellung, dass Kinder oder Jugendliche von Erwachsenen beeinflusst werden, um sie auf ein Leben in der jeweiligen Zeit und Gesellschaftsstruktur vorzubereiten. Zur Erziehung gehören einerseits das Training der Umgangsformen und Konventionen, die in der Gesellschaft gelten, und andererseits die Weitergabe von kognitiven Gütern, also die Wissensvermittlung. Dies alles kann sehr unterschiedlich ausgeprägt sein – die Kinder der Yanomami-Indianer im brasilianischen Regenwald erfahren eine andere Erziehung als ein mitteleuropäisches Kind. Dennoch wird der Zweck von Erziehung in beiden Fällen üblicherweise erreicht, unabhängig von den unter-

Staatsminister Hans Zehetmair

schiedlichen Inhalten und Methoden, die jeweils angewendet werden.

Kinder erziehen die Erwachsenen

Bedeutet ein „Lernen von der Jugend" eine Abkehr von diesen Grundsätzen? Handelt es sich nicht geradezu um eine Umkehrung des althergebrachten Begriffs „Erziehung"? Jeder, der mit Kindern zu tun hat – sei es als Elternteil, als Erzieherin im Kindergarten oder als Lehrkraft – kennt folgendes Phänomen: Ein Gespräch mit einem Kind bringt eine unvorhergesehene Wendung, die zum Nachdenken anregt. Diese Situation könnte sich in etwa folgendermaßen abspielen:

Kind: „Leben am Nordpol auch Menschen?"
Sie: „Am Nordpol direkt wohl nicht, aber in der Nähe."
Kind: „Wo die wohnen, ist es aber auch sehr kalt oder?"
Sie: „Ja, so kalt, dass es keine Bäume gibt und die Menschen kein Gemüse anbauen können."
Kind: „Warum ziehen sie denn nicht weg, wenn es dort so ungemütlich ist?"

Kennen Sie die Antwort darauf? – Durch sein unvoreingenommenes Fragen, durch die Neuartigkeit der Situation für das Kind tauchen Gesichtspunkte auf, die der Erwachsene, für den alles klar auf der Hand liegt, für den vieles schon immer so war und immer so sein wird, überhaupt nicht wahrnimmt. Das Denken vieler Erwachsener bewegt sich häufig auf eingefahrenen Gleisen, es ist relativ eingeschliffen.

Das hat auch sein Gutes: Müsste man ständig über das Warum und Wie einfacher Entscheidungen und Gegebenheiten nachdenken, wäre man gelähmt – allein durch den großen Zeit-und Kraftaufwand, den dies mit sich brächte. Andererseits beraubt man sich aber damit der Möglichkeit, einen ganz anderen Blickwinkel einzunehmen, scheinbar Selbstverständliches zu hinterfragen und dann vielleicht inzwischen veränderten Gegebenheiten anzupassen; eingefahrenes Denken leistet in manchen Fällen auch einer bequemen und unflexiblen Einstellung Vorschub.

Kinder erziehen die Erwachsenen, indem sie es durch ihr Fragen schaffen, uns zum Nachdenken über vermeintlich längst Bekanntes zu bringen. Insbesondere in Bereichen, die während der Kindheit und Jugend des Erwachsenen keine große Rolle gespielt haben, mit denen er sich also erst später in seinem Leben auseinander setzen musste, kann der Anstoß durch Kinder sehr heilsam und aufklärend wirken. Ein Paradebeispiel hierfür ist der Umweltschutz. Schon Kindergarten-Kinder wissen über die Grundzüge von Mülltrennung Bescheid und entlarven die Bequemlichkeit und Nachlässigkeit ihrer Eltern in diesem Punkt. Grundschulkinder sorgen sich über die Vernichtung des tropischen Regenwaldes und beäugen kritisch die neuen Holzmöbel des Wohnzimmers. Ältere Kinder und Jugendliche kennen die Problematik des Ozonsmogs, der Luftverschmutzung und des sauren Regens und machen sich Gedanken über das Verkehrsmittel, mit dem die Familie in den Urlaub fährt. Ich meine, man macht es sich viel zu leicht, wenn man solche Einwände von Kindern gegen eingefahrene Gewohnheiten als unqualifiziert abtut und meint, ein Kind wisse es nun einmal nicht besser und könne die Situation nicht sachgerecht einschätzen.

Was können Sie einem Kind guten Gewissens antworten, das Sie fragt, warum beim Bäcker die Breze, die gleich anschließend auf der Straße gegessen wird, vorher noch in eine Tüte verpackt wurde? Was erwidern Sie auf die Frage, warum Papa ein eigenes Auto braucht? Wie ziehen Sie sich aus der Affäre, wenn Ihr Kind beim Einkaufen fragt, warum Sie Äpfel aus Neuseeland nehmen? All diese Fragen und Einwände beweisen doch nur, dass das Kind genau das macht, was Politiker und auch Eltern von ihm erwarten, nämlich dass es kritisch fragt und keine vorgefertigten Meinungen übernimmt. Der vielzitierte „mündige Bürger" zeichnet sich genau durch diese Eigenschaften aus.

Um wirkungsvoll zum Schutz der Umwelt beitragen zu können, muss aber noch eine gehörige Portion Durchhaltevermögen dazukommen. Auch Einfallsreichtum, der Mut Rückschläge ertragen zu können und ein gerüttelt Maß an Idealismus sind nötig. Manche jungen Leute besitzen diese Eigenschaften in besonders hohem Maße und initiieren auf eigene Faust Verbesserungen, z.B. im Bereich der Verpackung.

Ich denke hier an eine Idee, die ein Realschüler in Simbach gemeinsam mit seiner Klasse und seiner Klassenlehrerin vor Jahren kurz nach Einführung der neuen Richtlinien für die Umwelterziehung an den bayerischen Schulen umsetzte: „Emil – die Flasche". Die Schülerinnen und Schüler in Simbach stellten einfach fest, dass ihr Mülleimer im Klassenzimmer täglich voll war, und überlegten, wie sie dies ändern könnten. Sie haben daraufhin Einweggetränkeverpackungen von fünf Tagen an ihrer Schule gesammelt und sind über den „Müllberg" erschrocken. Also beschlossen sie, auf Dosen, Tetrapacks und ähnliches zu verzichten und entwickelten eine Mehrwegflasche, eben ihren „Emil": „Emil" ist eine Glasflasche, die eigentlich eine Einwegflasche ist, aber zum Schutz vor Stoß und Schlag mit einer Wattierung und einer Isolationseinlage versehen und in einen Stoffbeutel gesteckt wurde. Freilich steht dabei der Geruchsneutralität der Glasflasche das Problem der Bruchgefährdung gegenüber; wie mein ausführlicher Briefwechsel mit der Klasse ergab, bewährte sie sich aber trotzdem in der Praxis – und allein darauf kommt es an. Das Projekt zog jedenfalls weitere Kreise, so dass die Klasse mit der Produktion von „Emils" gar nicht mehr nachkam und sich entschloss, einfach Bastelanleitungen zu versenden, damit die Idee verbreitet wird und auch andere Schulen weniger Müll produzieren.

Als Quintessenz ihrer Aktion schrieb mir die Klasse: „Wir sind der Meinung, dass das Umweltproblem nur dann gelöst werden kann, wenn jeder für sich das Problem löst." Ich meine, genau das ist der Punkt! In der angesprochenen neunten Realschulklasse wurde im Fach Wirtschaftslehre der Themenkreis „Markt" behandelt. In praktischer Umsetzung des theoretisch Gelernten gründete die Klasse daraufhin als Planspiel ein Unternehmen zur Vermarktung von „Emil". Alle Abteilungen von Marketing bis Public Relations, von Produktgestaltung bis Finanzverwaltung, von Buchhaltung bis Management wurden ins Leben gerufen. Jeder in der Klasse bekam eine bestimmte Aufgabe, die Klassengemeinschaft profitierte von den gemeinsamen Aktivitäten – und heute wird „Emil – die Flasche" tatsächlich kommerziell hergestellt und vermarktet. Bei dem Projekt spielte natürlich auch die Klassenlehrerin eine wichtige Rolle, ohne deren Engagement und Organisationstalent die ganze Sache sicherlich nicht ins Rollen gekommen wäre. Im Wesentlichen beruht der Erfolg derartiger Unternehmungen nämlich auf einer oder wenigen Personen, die die anderen – Mitschülerinnen und Mitschüler oder Kolleginnen und Kollegen – zum Mitmachen animieren.

Prinzipien der Umwelterziehung

An dem eben dargestellten Beispiel werden die wichtigsten Prinzipien der Umwelterziehungsarbeit an den bayerischen Schulen deutlich, die ich kurz erläutern möchte:

Umwelterziehung erfolgt fächerübergreifend

Im Fach Wirtschafts- und Rechtslehre können die Grundlagen für eine Vermarktung von „Emil" gelegt werden. In Erdkunde oder Sozialkunde geht es um die Schwierigkeiten, Mülldeponien bzw. Müllverbrennungsanlagen zu planen und zu bauen. Mögliche Schadwirkungen z.B. von Abgasen bzw. Abwässern aus solchen Anlagen werden im Biologie- oder Chemie-Unterricht behandelt. Damit ist das mögliche Fächerspektrum für Umwelterzie-

hung noch keineswegs vollständig beschrieben, da Umwelterziehung zahlreiche Überschneidungsbereiche z.B. mit Gesundheitserziehung, Friedenserziehung und allgemein mit Werteerziehung aufweist.

Die unterschiedlichen Aussagen verschiedener Disziplinen, ihre verschiedenen Arbeitsmethoden, Denkmuster und Erkenntniswege können so von den Schülerinnen und Schülern miteinander verglichen und bewertet werden. So kann sich die wichtige Erkenntnis durchsetzen, dass jede Disziplin ihr Mosaiksteinchen zum Gesamtgebäude beisteuern kann und dass alle Teilbereiche und ihre verschiedenen Betrachtungsweisen ihre Berechtigung und ihren Nutzen haben. Um die möglichen Auswirkungen naturwissenschaftlich-technischer Entwicklungen abschätzen zu können, um sich also einen Überblick über soziale, ethische, ästhetische, wirtschaftliche oder politische Folgen verschaffen zu können, müssen die Schülerinnen und Schüler zunächst mit fachlichen, naturwissenschaftlichen Fakten vertraut gemacht werden. Ohne diese solide fachliche Basis läuft jede weitere Diskussion Gefahr, sich in spekulativen Risiken für bestimmte Entwicklungen zu verheddern, also den Blick für die Realität und mögliche begründete Risiken zu verlieren. Leider wird dieser Grundsatz insbesondere im Bereich der Berichterstattung in den Medien nur allzu oft nicht beachtet. Gerade aus diesem Grund halte ich die TIMS-Studie für so wichtig und werde für das bayerische Schulwesen die entsprechenden Konsequenzen daraus ziehen.

Umwelterziehung erfolgt handlungsorientiert

Nicht die graue Theorie führt zu einem Um-
denkungsprozess im Sinne der Erhaltung der
Natur; eigene Aktivitäten zeigen am besten,
dass man technischen oder wirtschaftlichen
Entwicklungen nicht ohnmächtig gegenüber-
steht, sondern eingreifen und positiv verändern
kann. Eigenes Tun erleichtert dabei das Verständnis komplizierter Zusammenhänge, es
dient der Einübung umweltschützerischen
Handelns und fördert die Entwicklung von
Verantwortungsbewusstsein für die Umwelt.
Nur durch die unmittelbare Begegnung mit der
Natur bilden sich emotionale Bindungen, die
mehr bewirken als noch so gut gemeinte Rat-
schläge.

*Lokale Gegebenheiten
bilden den Ausgangspunkt*

„Emil" reduzierte den Müllberg an der Schule,
an der er entwickelt wurde. Erfolge dieser Aktion zeigen sich in diesem Fall sogar ohne größere Zeitverzögerung und sind für alle Beteiligten direkt erfahrbar.
Natürlich muss jeder über seinen Tellerrand
hinaussehen und darf die engere Heimat nicht
für den Nabel der Welt halten. Aber der heimi-
sche Wald liegt uns näher als der tropische Regenwald, die Belastung unserer Binnengewäs-
ser geht uns unmittelbarer an als die Verschmutzung des Mittelmeeres und die konsequente Mülltrennung im eigenen Haushalt bietet mehr Einflussmöglichkeiten als das Abfall-
problem der Industrie.

Politische Bildung

Marktwirtschaftliche Prinzipien und Verkaufs-
strategien bildeten die Grundlage für den Erfolg von „Emil". Auch auf dieser Stufe lässt
sich Politik, nämlich Schulpolitik, gestalten.
Hier spielen die so oft und gern ins Feld ge-
führten Vorurteile gegen die Politik allgemein
– Unnahbarkeit, Bürgerferne, mangelnder Bezug zur Situation vor Ort – keine Rolle, denn
die Akteure sitzen gewissermaßen selbst an
den Schalthebeln der Macht.
Lokale Umweltthemen bieten sich aber auch
an, das politische Geschehen am eigenen Hei-
matort über die Schulgrenzen hinaus mitzuver-
folgen und mitzugestalten. Die Auseinandersetzung mit Interessenkonflikten z.B. zwischen Wirtschaft, Kultur und Umweltschutz
trägt zu einer differenzierteren Sicht der Dinge
bei. Die Verfolgung unterschiedlicher Interessen wird zu einem verständlichen und legiti-
men Anliegen; tragfähige Kompromisse und
das klare Setzen von Prioritäten bieten sich als
demokratische Lösungsmöglichkeiten an.

Beispielhafte Schulprojekte

Damit will ich es bei der theoretischen Darstel-
lung von Zielen der bayerischen Umwelterziehung in der Schule bewenden lassen und
möchte mich aktuellen Projekten in unserer
Schullandschaft zuwenden. Die meisten Umweltaktivitäten an Schulen leben vom Engagement und Ideenreichtum der Schülerinnen und
Schüler. Ich denke an die zahlreichen Arbeits-
gemeinschaften zum Energiesparen, zur

Schaffung von Biotopen, zum Ergründen der Prinzipien der Bionik oder zur Durchführung von Projekttagen wie dem „Rama Dama", also von Säuberungsaktionen.

Obwohl bei diesen Aktivitäten immer auch engagierte Lehrkräfte mit Rat und Tat die Schülerinnen und Schüler unterstützen, geht nichts ohne einen großen Einsatz an Zeit, Einfallsreichtum und Einsatzbereitschaft von Schülerseite. Nur durch ein Zusammenwirken von Lehrern und Schülern können durchschlagende Erfolge erzielt werden; einige möchte ich im Folgenden noch genauer vorstellen:

– In Deggendorf entwarf eine zwölfjährige Schülerin einen umweltfreundlichen Hefteinband aus Baumwolle, für den sogar ein Patent beantragt wurde. Nachdem die Schülerin immer wieder von Klassenkameraden und Lehrkräften gefragt wurde, wo es denn diese schönen Einbände zu kaufen gäbe, machte sie sich gemeinsam mit ihrer Mutter auf die Suche nach einem Unternehmen, das Herstellung und Vertrieb übernehmen könnte. Die Produktion lief bei einem örtlichen Unternehmen der Textilbranche vor fünf Jahren an; ich hoffe sehr, dass das Unternehmen seine Entscheidung bisher noch nicht bereut hat.

– 1991 ging ein Anerkennungspreis der Deutschen Umweltstiftung an die staatliche Berufsschule Altötting für ihr Solarkocher-Projekt. In den Ländern ihrer Partnerschulen herrscht chronischer Brennstoffmangel mit all den negativen Folgen für die Umwelt, wie radikale Rodung des noch verbliebenen Bewuchses und nachfolgender Versteppung der Landschaft. Die Menschen müssen weite Wege zur Beschaffung des zum Kochen nötigen Brennholzes auf sich nehmen, das mühselig wieder nach Hause transportiert werden muss. Daher entwickelte die Schule mehrere einfache Solarkocher, die von Schülern gebaut wurden. An der Schule etablierte sich eine Entwicklungshilfegruppe, die die Organisation übernahm; Bauanleitung und Funktionsbeschreibungen wurden im Deutschunterricht der elften Klassen erarbeitet.

Das Prinzip der Kocher ist einfach aber wirkungsvoll und beruht darauf, dass ein parabolischer Spiegel die Sonnenstrahlen auf einen Brennpunkt fokussiert. Genau dort befindet sich ein schwarzer Topf, dessen Inhalt mit Hilfe dieser Sonnenenergie zum Kochen gebracht wird. Außer zur Zubereitung von Mahlzeiten eignen sich die Solarkocher auch zur Trinkwasseraufbereitung. Dieses Grundprinzip wurde seit 1991 nicht aufgegeben; die Idee selbst aber verbreitete sich wie ein Lauffeuer. Inzwischen wurde der Verein EG-Solar gegründet, um den Aktivitäten der Entwicklungshilfegruppe der Berufsschule einen rechtspersönlichen Rahmen und eine haftungsrechtliche Absicherung zu geben. Es wurden Produktwerkstätten in Peru, Kolumbien, Bolivien, Ecuador und Uganda eingerichtet und mit dem nötigen Material versorgt.

Auf Anregung des amerikanischen Vizepräsidenten Al Gore, das dicht geknüpfte Netz von Schulen zu nutzen, um weltweit Klimadaten zu erheben, wurde mit dem sog. GLOBE-Projekt (Global Learning and Observations to Benefit the Environment) verwirklicht, an dem auch bayerische Schulen teilnehmen. Im Rahmen dieses Projekts arbeiten Schülerinnen und Schüler, Lehrkräfte, Wissenschaftlerinnen und Wissenschaftler eng zusammen; in den Schulen werden Klimadaten erhoben, ausgewertet und in ein entsprechendes Datennetz eingespeist, auf das alle Beteiligten Zugriff haben. Drei wesentliche Anliegen sind mit dem deutschen Beitrag „Globe Germany" zum weltweit agierenden GLOBE-Netz verbunden:

– Durch das Programm soll die *Bildung im naturwissenschaftlich-technischen Bereich* gefördert werden: Insbesondere die Nutzung von Multimedia-Techniken und die Zusammenarbeit speziell mit dem Deutschen Zentrum für Luft- und Raumfahrt (DLR) sowie die Durchführung der Messungen nach wissenschaftlichen Qualitätsstandards sind hier zu nennen.

– Durch das Projekt soll das *Prinzip der Nachhaltigkeit* bei der Umwelterziehung betont werden: Der Begriff „Nachhaltigkeit" ist seit der Konferenz von Rio 1992 in aller Munde; prinzipiell bedeutet er, dass mit den Ressourcen der Natur nicht ausbeuterisch umgegangen und die Belastungsgrenze der Natur nicht überschritten werden darf. Ich werde auf diesen zentralen Begriff im Zusammenhang mit der Bayern-Agenda 21 nochmals zurückkommen.

– Das Projekt stellt ein Förderprogramm für die *Aktion „Schulen ans Netz"* dar: Die GLOBE-Schulen sind durch Telekommunikation verbunden und übertragen die ermittelten Umweltdaten über Internet in eine zentrale Datenbank, erhalten eine globale Gesamtschau aller von den GLOBE-Schulen erhobenen Daten, kommunizieren mit anderen GLOBE-Schulen und kooperieren mit Wissenschaftlern.

Von den 111 am GLOBE GERMANY-Projekt beteiligten Schulen liegen 11, von den von Beginn an beteiligten 26 Projektschulen liegen zwei in Bayern. Die Lehrkräfte dieser Schulen haben an speziellen Fortbildungen teilgenommen, eine Tagung im Herbst 1997 hatte die konsequente Ausrichtung des GLOBE GERMANY- Programms auf die Zielsetzung einer Bildung für nachhaltige Entwicklung zum Ziel. Für 1998 ist eine Tagung geplant, die angesichts der TIMS-Studie die Schulen stärker auf eine erfolgreiche naturwissenschaftlich-technische Bildung ausrichten soll.

Staatliche Förderung

Bei allen vorgestellten Projekten spielt die Tätigkeit von Schülerinnen und Schülern eine zentrale Rolle. Einerseits einen tragfähigen Rahmen und andererseits eine zukunftsweisende Richtung für die Umweltaktivitäten an bayerischen Schulen zu schaffen ist aber in besonderer Weise auch Aufgabe des Staates. Bayern braucht sich hier nicht zu verstecken. Durch die Konferenz von Rio 1992 und deren Schlussdokument *Agenda 21* wurde der Umweltbildung ein neuer Stellenwert beigemessen, die Begrifflichkeit um den bereits erwähnten zentralen Baustein der nachhaltigen Entwicklung erweitert. Die bisherigen „Richtlinien für die Umwelterziehung an den bayerischen Schulen" aus dem Jahr 1990 sind von ihren Inhalten her zwar noch keineswegs veraltet, die jüngste Entwicklung mit ihrer Verschiebung der Prioritäten hat aber naturgemäß noch keinen Eingang finden können; daher habe ich veranlasst, dass sie im Jahr 1999 am Staatsinstitut für Schulpädagogik und Bildungsforschung (ISB) unter Hinzuziehung von Fachleuten überarbeitet werden.

Maßgeblich werden folgende Punkte eine Rolle spielen:

– Leitlinien wie Nachhaltigkeit, Handlungsorientierung oder Verknüpfung der Themengebiete und Fächer untereinander, wie sie im Dokument von Rio zum Ausdruck kommen, sollen verstärkt Eingang finden.
– Die besondere Bedeutung des Tierschutzaspekts soll betont werden.
– Ein Schwerpunkt wird auf das Recyclingproblem gelegt.
– Die Durchführung von Umweltaudits an Schulen soll ausgebaut werden.

Bisher sind wir in Bayern bei der Umsetzung dieser Forderungen, die bereits heute durch die Richtlinien abgedeckt werden, schon ein gutes Stück weitergekommen. So wird seit 1996 gemeinsam mit der Deutschen Gesellschaft für Umwelterziehung e.V. (DGU) an rund einem Dutzend Schulen ein Projekt zum Umweltaudit „Energiesparen an Schulen im Freistaat Bayern" durchgeführt. Bei den teilnehmenden Schulen handelt es sich um Gymnasien, Realschulen, drei Volks- und eine Berufsschule. An dieser Streubreite erkennt man schon, dass mit der Aktion ein Kernpunkt schulischer Umwelterziehung getroffen wird.

Es handelt sich dabei um einen ähnlichen Versuch wie „Fifty-fifty" in Hamburg, je nach Sachaufwandsträger erfolgten jedoch Modifikationen. Dieses mit Unterstützung des Umweltministeriums, der Lehrerfortbildungs-Akademie in Dillingen, dem Bayerischen Gemeindetag, dem Bayerischen Landkreistag und dem Bund Naturschutz in Bayern e.V. ins Leben gerufene Projekt fand bisher großen Anklang bei Schülern, Eltern und Lehrkräften; erst kürzlich erfolgte durch meine Staatssekretärin die offizielle Eröffnung dieses bereits seit längerem angelaufenen Unternehmens am Emil-von-Behring-Gymnasium in Spardorf. Eigentlich ist dabei jeder der Beteiligten in gewisser Hinsicht Nutznießer: Der Sachaufwandsträger, der unter dem Strich Geld einspart, die Schule selbst, der in vielen Fällen ein Teil der Einsparungen wieder – z.B. für kleinere Investitionen – zur Verfügung gestellt wird, und die Schüler, die an drängende aktuelle Probleme in ihrer direkten Umgebung herangeführt werden. Auch glaube ich, dass das Lehrer-Schüler-Verhältnis durch die gemeinsame Aktion sich verbessern wird. Ich hoffe daher, dass diese Aktion nicht nur mess- und überprüfbare Ergebnisse liefern wird, sondern auch positive pädagogische Auswirkungen an den Schulen spürbar werden: Die Schülerinnen und Schüler fühlen sich für „ihr" Schulhaus, das sie von der Heizungsanlage im Keller bis zur Dachisolierung kennen lernen, sicherlich in viel stärkerer Weise verantwortlich als bisher. Das spornt an und trägt zu einem guten Schulklima bei.

Eine Kooperation ist auch mit dem Institut für Management und Umwelt (IMU) Augsburg angelaufen. Diese Einrichtung hat bereits in zahlreichen Wirtschaftsunternehmen erfolgreich Umweltaudits durchgeführt und bringt die hierbei gewonnenen wertvollen Erfahrungen nun in den Schulbereich ein. Finanziert wird diese Aktion vom IMU selbst, den Sachaufwandsträgern der Schulen und von Firmen. Um auch anderen Interessierten die bei der Durchführung der Aktion gewonnenen Erfahrungen zugänglich zu machen, wird mit Hilfe des Umweltministeriums in einem Arbeitskreis am ISB im kommenden Jahr eine entsprechende Handreichung für Lehrkräfte erstellt und allen Schulen übermittelt werden.

Schließlich möchte ich noch auf die wohl am größten angelegte Initiative der Bayerischen Staatsregierung eingehen, die auch Meilensteine in der Umwelterziehung gesetzt hat: Die Bayern-Agenda 21. Mein Kollege Dr. Thomas Goppel hat erst kürzlich die umfangreiche Broschüre „Bayern-Agenda 21 … für eine nachhaltige und zukunftsfähige Entwicklung in Bayern" erstellen lassen und auch an alle Schulen verschickt. Vieles, was ich bereits ausgeführt habe, wie z.B. Umweltaudits an Schulen, die Überarbeitung der Richtlinien für die Umwelterziehung an den bayerischen Schulen oder die Förderung der Praxisnähe im Unterricht, ist darin ebenfalls niedergelegt. Auf einige der Forderungen möchte ich zum Schluss noch ausführlicher eingehen:

Der Erfolg von Umwelterziehung steht und fällt mit der Einsatzbereitschaft von Schülerinnen und Schülern, Lehrkräften und nicht zuletzt dem Hausmeister. Eine wesentliche Forderung an die Schulleitungen, die Schulauf-

sicht und die Sachaufwandsträger ist es daher, das vorhandene Engagement zu unterstützen. Man sollte nicht etwa nach dem möglichen Haar in der Suppe suchen, sondern sich möglichst – in finanzieller, materieller und ideeller Hinsicht – auf die Seite derer stellen, die im Sinne der Agenda 21 etwas bewegen wollen. Häufig sind es nur Kleinigkeiten, die den Weg so beschwerlich machen: Die Arbeitsgruppe benötigt nachmittags einen größeren Raum, die Lehrerin kann eine Aufsicht nicht übernehmen, weil deren Termin mit der Betreuung der Umweltschutzgruppe kollidiert, der Hausmeister wünscht sich ein klärendes Gespräch mit der Schulleitung. Ich meine, in all diesen Fällen kann und soll man den Betroffenen entgegenkommen. Eine besonders wichtige Aufgabe der Schulleitung ist es auch, die in den Richtlinien geforderte Koordinierungsgruppe für Umwelterziehung tatsächlich als festen Bestandteil der Schule zu etablieren und sie mit den nötigen Kompetenzen und Freiheiten auszustatten, die sich je nach den örtlichen Gegebenheiten ändern können. Pädagogische Konferenzen sollten auch dazu genutzt werden, sich gemeinsam mit der Koordinierungsgruppe über Zielsetzungen und Arbeitsschwerpunkte der Umwelterziehung an der jeweiligen Schule klar zu werden; auf längere Sicht sollte jede Schule in dieser Hinsicht eine Art „Schulprofil" entwickeln.

Ich glaube, dass auch die Hochschulen mehr als bisher den Lehrbereich „Umwelterziehung" stärken müssen. Dies kann in Form gemeinsamer Lehrveranstaltungen verschiedener Didaktiken geschehen, oder es könnte ein eigener Lehrbereich „Umwelterziehung" an den

Pädagogik-Lehrstühlen eingerichtet werden. Ich hoffe darauf, dass die Hochschulen hier ihre Flexibilität und ihr Reaktionsvermögen auf veränderte Anforderungen unter Beweis stellen, und sichere zu, im Bereich des Kultusministeriums und des Staatsinstituts für Schulpädagogik und Bildungsforschung meinen Teil dazu beizutragen, Umwelterziehung auch weiterhin als eines der wichtigsten fächerübergreifenden Anliegen der Schule zu etablieren.

„Lernen von der Jugend" hat nichts mit Unterordnung unter das Diktat von Jugendlichkeit oder alternativer Lebenseinstellung zu tun. Es bedeutet auch nicht, bewährte Positionen aufzugeben und jeder modisch-modernen Zeitströmung hinterherzulaufen. Es heißt vielmehr, nachdenklicher zu werden, offen auf junge Menschen zuzugehen, ihre Meinungen vorurteilsfrei anzuhören, um die eigenen Einstellungen überprüfen und gegebenenfalls verändern zu können.

Fritz Brickwedde

Die Schöpfung bewahren: Eine Herausforderung für die Umweltbildung

Vor dem Hintergrund, dass wir heute eine kirchlich-klösterliche Umweltbildungsstätte einweihen, möchte ich die Gelegenheit nutzen, aus Sicht der Deutschen Bundesstiftung Umwelt darzustellen, was die Umweltbildung für die „Bewahrung der Schöpfung" zu leisten vermag und hierbei deutlich machen, dass es enge Berührungspunkte in den Zielsetzungen von Kirche und Umweltschutz gibt.

Bewahrung der Schöpfung

„Bewahrung der Schöpfung" ist ein Begriff, der im kirchlichen Raum und darüber hinaus als griffige Formel allgemeine Verbreitung gefunden hat. Er assoziiert ein christliches Grundverständnis von unserer Um- und Mit-

Generalsekretär Fritz Brickwedde,
Deutsche Bundesstiftung Umwelt

welt und beinhaltet die deutliche Aufforderung, zum Schutz der gefährdeten Lebensgrundlagen beizutragen – ohne dass allerdings immer deutlich wird, welche Anforderungen damit verbunden sind.

An diesem Ort über die christliche Verantwortung für die Schöpfung und ihre Begründung aus der Schöpfungsgeschichte zu sprechen, hieße „Eulen nach Athen zu tragen". Die christliche Tradition ist durchzogen von bekannten Beispielen, die die besondere Verantwortung des Menschen für die Schöpfung zum Ausdruck bringen – angefangen von der Grundaussage Genesis: „Gott der Herr, nahm also den Menschen und setzte ihn in den Garten, damit er ihn bebaue und hüte" über die Geschichte von der Arche Noah bis hin zum „Sonnengesang" des Franz von Assisi und weiteren Texten.

Die Fürsorge des Menschen für die Schöpfung stellt kein exklusives Merkmal des christlichen Glaubens dar, sondern ist geradezu ein Bestandteil aller traditionellen Religionen, die auf unterschiedliche Weise die „Heiligkeit der Natur" betonen – im Buddhismus oder Hinduismus genauso wie in afrikanischen oder indianischen Stammesreligionen. Die ökologische Bedrohung stellt insofern eine globale Herausforderung auch für die weltweiten Religionen und ihr Selbstverständnis dar.

Wir wissen: Die Bewahrung der Schöpfung verlangt eine Änderung des Bewusstseins. Eine solche globale Bewusstseinsänderung, die es allen Menschen dieser Welt erlaubt, ihre Grundbedürfnisse zu befriedigen, ohne die Umwelt so zu belasten, dass sie für kommende Generationen als Lebensraum zerstört ist, kann meines Erachtens nur unter Rückgriff auf die originären Potentiale von Religionen erfolgen. Der katholische Theologe Hans Kessler hat es

so formuliert: „Die Aufgabe ist übergroß. Sie kann nur aus den tiefsten Kräften der Kulturen und Religionen bewältigt werden. Kulturen als die geronnenen Erfahrungen der Völker (mit Religion als Tiefengrammatik, Kern und Hintergrundüberzeugung) bilden soziale Regulierungsformen des Umgangs mit der Natur, derart, dass sie Leben ermöglichen: Leben miteinander, Leben auch in Zukunft. In Epochenwährenden Lernprozessen wurden religiöskulturelle Grundeinstellungen und Grundhaltungen ausgebildet, die eine entsprechend behutsame Entwicklung erlaubten. Heute müssen wir erneut die Kulturen und Religionen auf die in ihnen gewachsenen Lebensbewältigungs- und Überlebensmuster hin befragen ... Welche Werte, die wir Tausende von Jahren getragen haben, gilt es wiederzubeleben?"

Umweltbildung

Die Schärfung des Gewissens ist bekanntermaßen ein altes Anliegen der katholischen Kirche. Sie ist aber auch zentraler Gegenstand von Umweltbildung, die als Umweltbewusstseinsbildung ihren Beitrag zu einem Umwelt- und Nachweltschutz zu leisten vermag.

Ich werde im Folgenden zunächst darauf eingehen, welche Ansatzpunkte und Maßstäbe für Umweltbildung von Bedeutung sind und daran anschließend in konkreten Beispielen aufzeigen, wie Kirche und Umweltbildung projektbezogen zur Bewahrung der Schöpfung beitragen. Umweltbildung, hierauf sei zunächst kurz hingewiesen, stellt für die Deutsche Bundesstiftung Umwelt einen Teilbereich des umfassenderen Bereichs der Umweltkommunikation dar, die wiederum neben der Umwelttechnik und der Umweltforschung eine der drei zentralen Aufgabenfelder der Stiftung darstellt.

Umweltkommunikation im Verständnis der Stiftung meint die Kommunikation über gesicherte und umfassende Informationen zur Umwelt, die Verständnis und Einsicht in ökologische Zusammenhänge erzeugt. Sie bildet die Basis für eine nachhaltige Verbesserung der ökologischen Gesamtsituation. Über die Einbindung der Massenmedien wie Presse, Rundfunk, Film und Fernsehen hinaus sind hierbei insbesondere die verschiedensten gesellschaftlichen Gruppen, die Umwelt- und Verbraucherverbände, Interessensverbände, Bürgerinitiativen, Wissenschaftler, Unternehmensverbände und die Unternehmen selbst zu berücksichtigen. Besonders kleine und mittlere Betriebe müssen nach Auffassung der Stiftung in diesen umweltkommunikativen Prozess der wechselseitigen Verständigung integriert werden.

Die Fördertätigkeit der Deutschen Bundesstiftung im engeren Bereich der *Umweltbildung* fußt auf der Erkenntnis, dass Umweltprobleme nicht allein administrativ, technisch oder ökonomisch gelöst werden können und es entsprechend der Bildung, Informationsvermittlung und Beratung zu Umweltfragen bedarf. Hierbei sind wir uns sehr darüber im Klaren, dass die bloße Vermittlung von Umweltwissen allein nicht ausreicht, um einen wirksamen Beitrag zum Umweltschutz zu leisten. Soll Umweltbildung fruchtbar werden, muss sie eingebettet sein in ein Konzept von Maßnahmen und Angeboten mit dem Ziel, nicht nur das Umweltbewusstsein von Menschen zu stärken, sondern diese dann auch tatsächlich zum umweltgerechten Handeln zu bewegen.

Insofern ist Umweltbildung ihrem Wesen nach immer auf eine Veränderung von menschlichen Verhaltensweisen ausgerichtet. Diese Verhaltensweisen werden von klein auf geprägt. Umweltbildung in diesem Sinne ist als ein ständiger, lebenslanger Lernprozess zu verstehen, an dem zahlreiche Akteure beteiligt sind – von der Familie und Freundesgruppe über die Schule, die berufliche Ausbildung und Hochschule bis hin zum Arbeitsplatz und zur Nachbarschaft.

Lange Zeit herrschte der naive Glaube vor, dass es ausreichen würde, umweltbildungshungrigen Menschen die „frohe Botschaft" über das wahre Umweltverhalten zu vermitteln und dass die so Aufgeklärten fortan in Frieden und Eintracht mit Natur und Umwelt leben würden. Viele wissenschaftliche Untersuchungen bestätigen uns mittlerweile, dass diese direkte Wirkungskette „von der Bildung über das Bewusstsein zum richtigen Umweltverhalten" eine trügerische Fehlannahme war.

Zwischenzeitlich ist die Erkenntnis gereift, dass Umweltbildung nicht mit dem „Nürnberger Trichter" verabreicht werden kann und umweltgerechtes Handeln von Menschen in Wechselwirkung mit zahlreichen anderen Einflussfaktoren steht, so beispielsweise mit vorhandenen Einstellungen und Werthaltungen, mit dem beispielhaften Verhalten von Bezugspersonen, mit der Art der Informationsverarbeitung oder dem Vorhandensein konkreter Handlungsangebote.

Deutlich dürfte sein, dass Umweltbildung diesem Verständnis nach weit mehr darstellt als bloße Pädagogik. Sie steht in enger Wechselwirkung zu benachbarten Disziplinen wie Psychologie, Soziologie, politische Wissenschaften oder Sozialökonomie, um die gewünschten Entwicklungen und Veränderungen zu erreichen.

Ethik, Handeln, Nachhaltigkeit, binnenkirchliche Orientierung: Umsetzung in Projekten

Für den Einzelnen ist der Umgang mit der Umweltthematik nicht einfach: Wachsende Komplexität und damit verbundene Undurchschaubarkeit der Entwicklung, Globalisierung der Probleme, hinreichend zur Verfügung stehendes Wissen und dennoch Barrieren, dieses Wissen zur Lösung von Umweltproblemen einzusetzen, zunehmendes Umweltbewusstsein in breiten Kreisen der Bevölkerung und doch nach wie vor eine zu geringe Bereitschaft, das eigene Verhalten zu ändern, kennzeichnen die Situation.

Nicht zuletzt vor diesem Hintergrund wird in den letzten Jahren zunehmend ein neues Umwelt-Ethos angemahnt, das verstärkt moralische Orientierungsmaßstäbe fordert und die persönliche, undelegierbare Verantwortung betont.

Ethik

Der Theologe Wilhelm Korff hat Ethik so definiert: „Ethik fragt nach der Verantwortbarkeit dessen, was wir tun: Wie wir unser Leben führen, was wir aus uns und der Welt machen, wie wir mit dem umgehen, was wir können. Die ethische Frage stellt sich uns als Akteuren und nicht als Zuschauer. Es geht in ihr um unser Handeln und damit zugleich um die diesem Handeln zugrundeliegende Gesinnung und das daraus fließende Verhalten, aber auch die Maßstäbe und Kriterien, die wir hierfür als Rechtfertigungsgrößen heranziehen."

Die Aktualität dieser Aussage für den Bereich der Umwelt ist offenkundig. Allerdings: Träger der ethischen Reflektionen sind nicht Religionswissenschaftler oder Philosophen, sondern ist letzten Endes der einzelne Mensch mit seinem Gewissen. Wenn der Einzelne nicht als die entscheidende Instanz seiner Umweltethik erreicht wird, laufen alle beabsichtigten sozialen, politischen, wirtschaftlichen und technischen Veränderungsversuche ins Leere.

Ethisches Handeln zu lehren oder zu lernen ist alles andere als einfach. Man braucht dazu Einsichten und Erfahrungen.

Die Deutsche Bundesstiftung Umwelt hat sich in den vergangenen Jahren bewusst darum bemüht, in Modellprojekten die Rolle und Aufgabenstellung der Umweltethik stärker zu gewichten und im Bereich der Umweltbildung zu verankern.

Als Beispiel nenne ich ein mit dem Kardinal-Frings-Haus, dem Katholisch-Sozialen Institut der Erzdiözese Köln, durchgeführtes *Projekt „Umweltbildung und ihre sozialethische Fundierung"*, das auf eine umweltethische Sensibilisierung von erwachsenen Bürgerinnen und Bürgern im Rahmen der Bildungsarbeit abzielt. Das Vorhaben will auf der Grundlage einer Bildung zur Veranwortung für die Schöpfung untersuchen, inwieweit sich in einer sozial-ethisch fundierten Umweltbildung „Erfahrungsräume" der Reflexion und wenn möglich der Erprobung von umweltethischen Werten und Normen schaffen lassen können. Im Rahmen des mittlerweile abgeschlossenen Projekts sind eine Reihe wichtiger Produkte und Konzepte für die Erwachsenenbildung entwickelt worden. Neben verschiedenen grundlegenden Publikationen ist vor allem die Ausarbeitung eines hochinteressanten Curriculums (samt Medien und Materialien) für konkrete Bildungsmaßnahmen zu nennen.

Handeln

Das Zitat von Wilhelm Korff verweist auf einen weiteren, bereits angedeuteten Aspekt, der für Umweltbildungszusammenhänge von grundlegender Bedeutung ist: das Handeln. In den Leitlinien der Deutschen Bundesstiftung Umwelt zur Umweltbildung wird daher an verschiedenen Stellen das Handlungskriterium deutlich herausgestellt; Handlungskompetenz und Handlungsorientierung stellen zentrale Kriterien für die Bewertung von eingereichten Anträgen dar.

„Handeln" in Bildungsmaßnahmen geschieht nicht um seiner selbst willen, als schlichter Aktivismus; und auch nicht als bloßes didaktisches Moment (learning by doing), um auf diese Weise der Kopflastigkeit von Bildung entgegenzuwirken. Handeln ist, gerade für junge Menschen, elementar wichtig, um ihnen die Möglichkeiten des eigenen Gestaltens, der

Veränderbarkeit von Wirklichkeit und der Bewältigung von Zukunft zu zeigen. Reden über Umweltprobleme, Herausstellen einzelner Fakten, Bearbeiten von Zahlen sind elementare Tätigkeiten auf dem Wege des Erwerbs reproduzierbaren Wissens. Sie reichen jedoch bei weitem nicht aus, um Menschen die Fähigkeit und Bereitschaft zu vermitteln, sich verantwortlich zu engagieren.

„Bewahrung der Schöpfung" ist insofern ohne Handlung nicht einlösbar, in „stiller Einkehr" oder kontemplativer Betrachtung nicht möglich. Ein gutes Beispiel für die angemessene Berücksichtigung von Handlungsorientierung findet sich mit der Umwelt-Jugend-Bildungsstätte Benediktbeuern selbst. Das methodische Konzept der Einrichtung weist ausdrücklich darauf hin, dass die Handlungsorientierung ein „Proprium" der Bildungsstätte ist und viele Inhalte „nur im praktischen Tun" erlernbar sind. Noch weiter geht ein von uns gefördertes neuartiges Konzept zur Umweltbildung des Deutschen Volkshochschulverbandes; sein Name ist Programm: „Tu was!"

Nachhaltigkeit

Einen weiteren Zusammenhang, der für die Umweltbildung im Allgemeinen wie auch für das gesellschaftliche Engagement von Kirchen von wachsender Bedeutung ist, möchte ich mit dem Stichwort „Nachhaltigkeit" ansprechen. Der politische Begriff der Nachhaltigkeit geht u.a. zurück auf die 1992 abgehaltene Konferenz der Vereinten Nationen in Rio de Janeiro, wo im Zusammenwirken von rund 180 Staats-

und Regierungschefs ein globales Leitbild für die „nachhaltige und zukunftsverträgliche Entwicklung" verabschiedet wurde und in der sog. Agenda 21 ihren Niederschlag fand. Das Leitbild verlangt, dass in globalem Maßstab eine umweltverträgliche Entwicklung in enger Verknüpfung mit sozialen und ökonomischen Veränderungen erfolgen soll.

Für den Umweltbereich bedeutet dies beispielsweise:

– Die Verbrauchsraten erschöpflicher Ressourcen sollen durch Ressourcenschonung, Steigerung der Effizienz, Ablösung erschöpflicher durch erneuerbare Ressourcen sowie durch Wiederverwertung verringert werden.

– Die Verbrauchsrate erneuerbarer Stoffe und Energien darf deren Reproduktionsrate nicht übersteigen.

– Die Emissionen dürfen die Aufnahme und Regenerationsfähigkeit von Lebewesen und Umweltmedien wie Boden, Wasser und Luft nicht übersteigen.

„Schöpfung bewahren" heißt heute „Nachhaltigkeit", „dauerhaft umweltgerechte Entwicklung", „sustainable development". Wo der Schöpfungsbericht vor etwa dreitausend Jahren von „Bebauen und Bewahren" spricht, gilt heute „Umwelt und Entwicklung" (Weltkonferenz von Rio 1992).

Die außerordentliche Bedeutung des „sustainable development" für den kirchlichen Bereich mit seinem vielfältigen und weltweiten Engagement im Entwicklungs- und Sozialbereich wurde frühzeitig erkannt und war u.a. daran ablesbar, dass ein erstmaliger Versuch

der Konkretisierung des Leitbildes auf die Bundesrepublik Deutschland durch die Veröffentlichung der Studie „Zukunftsfähiges Deutschland" in Gemeinschaftsarbeit der katholischen Organisation MISEREOR und dem Bund für Umwelt und Naturschutz in Deutschland erfolgte.

Die auf der Konferenz in Rio verabschiedete Agenda 21 fordert ausdrücklich auch eine Neuausrichtung der Bildung auf die Leitidee der Nachhaltigkeit und weist in diesem Zusammenhang der Umweltbildung einen besonderen Stellenwert bei der Weiterverbreitung und Umsetzung des Konzepts auf globaler wie auf lokaler Ebene zu. Die Deutsche Bundesstiftung Umwelt hat bei der Überarbeitung ihrer demnächst neu veröffentlichten Leitlinien dem Gedanken der Nachhaltigkeit eine zentrale Rolle zugemessen; der Aspekt durchzieht die neuen Leitlinien wie ein „roter Faden", auch in Hinblick auf die Bereiche Umwelttechnik und Umweltforschung.

Es spricht für die Aufmerksamkeit und das gesellschaftspolitische Engagement kirchlicher Einrichtungen, dass diese in den vergangenen Jahren Projekte zur Nachhaltigkeit an die Umweltstiftung heranführten.

Nennen möchte ich in diesem Zusammenhang ein eindrucksvolles Vorhaben, das der Katholische Deutsche Frauenbund derzeit mit unserer Unterstützung durchführt. Das *Projekt „Vorsorgendes Wirtschaften – nachhaltiges Haushalten"* richtet sich insbesondere an die im Verband erfassten Frauen, die in der Regel „lebenserfahrene Familien- und Hausfrauen" darstellen und Fragen der Wertevermittlung besonders aufgeschlossen gegenüberstehen.

Diese Frauen, die durch andere Träger der Umweltbildung oft nur schwer erreichbar sind, aber für das Umweltverhalten der nachwachsenden Generationen eine entscheidende Bedeutung haben, sollen als Umweltmultiplikatorinnen angesprochen werden und über nachhaltige Handlungsansätze im Bereich von Haus und Familie informiert werden. Dies betrifft Themen wie Verkehr und Mobilität, Konsum, Landwirtschaft, Lebensstil oder Energieverbrauch, also zentrale Aspekte der Nachhaltigkeit. Ich möchte mir den Hinweis erlauben, dass auch dieses Vorhaben seinen Schwerpunkt in Bayern hat.

Binnenkirchliche Orientierung

Meine bisherigen Ausführungen dürften deutlich gemacht haben, dass die Kirchen für die Deutsche Bundesstiftung Umwelt erstrangige Partner in der Bemühung um einen vorbeugenden Umweltschutz darstellen. Mit der katholischen wie auch mit der evangelischen Kirche verbinden uns zahlreiche gemeinsame Projekte, die die Verantwortung der Kirchen für Belange des Umweltschutzes in der Gesellschaft deutlich machen. Die Zusammenarbeit beruht in erster Linie auf Projekten, die von einzelnen kirchlichen Untergliederungen – etwa Bildungshäusern, Pfarrgemeineden, Verbänden oder Klostergemeinschaften – eingereicht wurden.

Aus unserer Sicht kommt dem Handeln kirchlicher Akteure sowohl binnenkirchlich als auch für die Gesamtgesellschaft eine elementare Rolle bei der Bewältigung der Umweltkrise, für die „Bewahrung der Schöpfung", zu.

Ein gelungenes Beispiel für die notwendige Binnenorientierung der Kirche kann ich (wiederum) aus Bayern anführen. Um ehren- und hauptamtliche Multiplikatoren im Bereich des Bistums in die Lage zu versetzen, eigenständige ökologische Bildungsangebote in kirchlichen Gruppen und Gemeinden zu entwickeln, führte das Erzbischöfliche Ordinariat München mit Unterstützung der Deutschen Bundesstiftung Umwelt ein zweijähriges *Fortbildungsprogramm „Wege zum schöpfungsfreundlichen Handeln"* durch, das bundesweit Aufmerksamkeit erregt hat.

Ehren- und hauptamtliche Multiplikatoren aus dem Bereich der katholischen Kirche sollen in die Lage versetzt werden, eigenständige ökologische Bildungsangebote für kirchliche Gruppen und Gemeinden zu entwickeln und durchzuführen. Zugleich soll durch die Fortbildung innerkirchlich auf bestehende Strukturen und Verfahrensweisen eingewirkt werden, um ökologische Lernprozesse auszulösen. Die Themenschwerpunkte reichen von „Energie und Verkehr" über „ökologisches Bauen" und „Landbewirtschaftung" bis hin zu „Verwaltungshandeln" und „Umweltberatung".

Das Vorhaben hat mit unserer Hilfe „das Laufen" gelernt und wird in der Zwischenzeit eigenständig durch einen aus dem Projekt hervorgegangenen „Verein für kirchliche Umweltberatung" weitergeführt. Nicht unerwähnt lassen möchte ich, dass dieses Vorhaben ausdrücklich den Segen der Deutschen Bischofskonferenz hat, die in ihrer befürwortenden Stellungnahme uns gegenüber sowohl die innerkirchliche als auch die außerkirchliche Bedeutung des Pilotvorhabens unterstrichen hat.

Fazit

Angesichts der begrenzten Redezeit möchte ich der reizvollen Versuchung widerstehen, Ihnen weitere gemeinsame Bildungsvorhaben von Kirche und Umweltstiftung unter dem Aspekt „Schöpfung bewahren" zu beschreiben und über komplett mit Photovoltaik-Modulen belegte Kirchendächer, über verschiedene zu Umweltbildungseinrichtungen entwickelte Zisterzienserklöster, über gemeinsame Symposien, über Demonstrationsanlagen für regenerative Energien auf Pfarrhäusern, über ökologische Kindergärten in Trägerschaft der Caritas und vieles andere mehr zu reden.

Stattdessen möchte ich abschließend „die Kirche" und die in ihr wirkenden Menschen und Organisationen dazu ermuntern, aktiv und handelnd für die „Bewahrung der Schöpfung" einzutreten.

Insbesondere appelliere ich an die Vertreter der „Amtskirche", einmal darüber nachzudenken, welche Möglichkeiten und Spielräume es für das Großunternehmen Kirche als Bauherr und Immobilienbesitzer gibt. Aus unserer Erfahrung wissen wir, dass viele einflussreiche gesellschaftliche Gruppen wie Gewerkschaften, Industrieverbände, Parteien sich mit großem Ernst damit befassen, wie ihre Einrichtungen und Bestände auf Dauer nachhaltig entwickelt und bewirtschaftet werden können. Die katholische Kirche und ihre Bistümer sollten sich hier nicht ausschließen. Der kirchliche Raum bietet ein gewaltiges Potential für konkrete Umweltentlastungen, mit denen der Anspruch „Bewahrung der Schöpfung" ein Stück zur Tat werden könnte. Warum etwa ließe sich nicht im Bereich der regenerativen Energien, analog zu staatlichen Aktivitäten, ein 1.000-Dächer-Programm für kirchliche Einrichtungen durchführen, das die Zukunftsfähigkeit der Kirche unmittelbar vor Augen führt und langfristig auch ökonomische Vorteile bietet?

Um es auf den Punkt zu bringen: „Die Schöpfung bewahren" ist eine zentrale Herausforderung für Gesellschaft und Kirche. Die Kirche als „großer gesellschaftlicher Bewusstseinsträger" sollte sich dieser Herausforderung stellen, indem sie die Thematik aus christlichem Selbstverständnis in die pluralistische Gesellschaft weiterträgt, aber auch, indem sie die eigenen Möglichkeiten ausschöpft.

Die Deutsche Bundesstiftung Umwelt hat in der Vergangenheit bewiesen, dass sie bereit und in der Lage ist, gemeinsam mit den Kirchen an der gewaltigen Aufgabe „Bewahrung der Schöpfung" mitzuwirken. Sie ist dazu auch weiterhin bereit – nachhaltig!

Programm des Pfingstsymposiums am 29. Mai 1998 in Benediktbeuern
10 Jahre Zentrum für Umwelt und Kultur
Einweihung der Umwelt-Jugend-Bildungsstätte

In der Hauskapelle des Klosters
Ponitifikalgottesdienst mit Diözesanbischof
Dr. Alois Kothgasser SDB, Innsbruck

Im Alten Festsaal des Klosters
Begrüßung durch Provinzial P. Herbert
Bihlmayer SDB

Referate
Umweltbildung: Von der „grünen Wende"
zur „kulturellen" Wende (Prof. Dr. Gerhard
de Haan, Freie Universität Berlin)

Umweltpolitik morgen: Konsens statt Dekret
(Staatsminister Dr. Thomas Goppel)

Podiumsdiskussion
ZUKunft aus Erfahrung – Perspektiven in
Bildung, Kirche und Politik

Diskussionsteilnehmer:
Dr. Ursula Beykirch, Sekretärin der Glau-
benskommission der Deutschen Bischofs-
konferenz, Bonn
Prälat Dr. Valentin Doering, Leiter des ka-
tholischen Büros, München
Prof. Dr. Gerhard de Haan, Freie Universität
Berlin und erster Vorsitzender der Deutschen
Gesellschaft für Umwelterziehung, Ham-
burg

Ministerialdirigentin Dr. Barbara Schuster,
Bundesministerium für Umwelt, Natur-
schutz und Reaktorsicherheit, Bonn
Moderation: Dr. Markus Vogt, Zentrum für
Umwelt und Kultur

*Einweihung der Umwelt-Jugend-
Bildungsstätte im Maierhof*

Referate
Umwelterziehung heute: Von der Jugend lernen (Staatsminister Hans Zehetmair)

Die Schöpfung bewahren: Eine Herausforderung für die Umweltbildung (Fritz Brickwedde)

*Segnung der Umwelt-Jugend-Bildungsstätte
(Prälat Dr. Valentin Doering)*

Dank und Schlussworte (Provinzial
P. Herbert Bihlmayer SDB)

Anschließend Besichtigung der Umwelt-
Jugend-Bildungsstätte mit der Ausstellung
Jean-Bloé Niestlé (1884–1942)

Eindrücke vom Symposium

Segnung durch den Leiter des Katholischen Büros
Prälat Dr. Valentin Doering

Ein namhaftes Auditorium

Staatsminister Hans Zehetmair mit Frau Karin Stoiber

Die Kinder feiern natürlich mit

Autorenverzeichnis

Prof. P. Dr. Alois Kothgasser SDB
Diözesanbischof von Innsbruck

Prof. Dr. Gerhard de Haan
Freie Universität Berlin und Vorsitzender der
Deutschen Gesellschaft für Umwelterziehung,
Hamburg

Dr. Thomas Goppel
Bayerischer Staatsminister für Landesentwicklung und Umweltfragen

Dr. Markus Vogt
Referent am Zentrum für Umwelt und Kultur,
Benediktbeuern

Hans Zehetmair
Bayerischer Staatsminister für Unterricht, Kul-
tus, Wissenschaft und Kunst und stellvertre-
tender Ministerpräsident

Fritz Brickwedde
Generalsekretär der Deutschen Bundesstiftung
Umwelt, Osnabrück